北京市教育科学“十四五”规划2022年度一般

育融入高职通识教育课程体系研究”（立项编号：CIDE

中华优秀传统文化教育融入高职通识教育课程体系研究

刘 辉 李 隽 著

图书在版编目（CIP）数据

中华优秀传统文化教育融入高职通识教育课程体系研究 / 刘辉，李隽著. -- 北京：企业管理出版社，2023.12

ISBN 978-7-5164-3032-3

Ⅰ. ①中… Ⅱ. ①刘… ②李… Ⅲ. ①中华文化－教学研究－高等职业教育 Ⅳ. ①K203

中国国家版本馆CIP数据核字（2024）第010314号

书　　名：中华优秀传统文化教育融入高职通识教育课程体系研究
书　　号：ISBN 978-7-5164-3032-3
作　　者：刘　辉　李　隽
策　　划：张　丽
责任编辑：张　丽
出版发行：企业管理出版社
经　　销：新华书店
地　　址：北京市海淀区紫竹院南路17号　　邮　　编：100048
网　　址：http：//www.emph.cn　　电子信箱：lilizhj@163.com
电　　话：编辑部18610212422　　发行部（010）68701816
印　　刷：北京亿友创新科技发展有限公司
版　　次：2024年1月第1版
印　　次：2024年1月第1次印刷
开　　本：710mm × 1000mm　1/16
印　　张：12.75
字　　数：160千字
定　　价：78.00元

序　言

在中华民族发展历史进程中，经过千锤百炼、创造积淀所形成的中华文明源远流长、博大精深，是中华民族独特的精神标识；中华优秀传统文化是中华文明的智慧结晶和精华所在，是中华民族的文化根脉，是中华民族的根和魂，是我们在世界文化激荡中站稳脚跟的根基，是人类的宝贵精神财富，是推动创新发展的动力源泉。不断深化中华优秀传统文化教育改革创新，有效推进中华优秀传统文化教育是建设中华民族现代文明的内在逻辑要求，是建设社会主义文化强国的具体举措。适应新时代要求，对标政策精神，遵循教育教学规律，结合高等职业教育发展实际，从多个维度、视域对中华优秀传统文化教育融入高职通识教育课程体系进行系统、深入研究，形成相应的理论研究和实践创新成果，对高职院校有效开展中华优秀传统文化教育，进一步提升学生文化素养、坚定其文化自信，具有重要指导价值和借鉴意义，将有效助力中华优秀传统文化创新性发展、创造性转化。

本书是北京市教育科学“十四五”规划一般课题“中华优秀传

统文化教育融入高职通识教育课程体系研究”的最终研究成果，共分七章，分别从中华优秀传统文化的时代价值，中华优秀传统文化教育融入高职通识教育课程体系的现实状况、理念、维度、内涵、路径方法、模式构建等方面进行了研究和探索，形成了具有一定学术和应用价值的成果，这些成果集中体现在本书各章内容之中。本书内容丰富，语言风格生动、简明，体现了笔者对中华优秀传统文化的深沉热爱和对中华优秀传统文化教育的炽热情怀，不失为一本有认知深度和实践厚度的好书。希望本书能为中华优秀传统文化教育提供有效助力。

2024 年 1 月

目 录

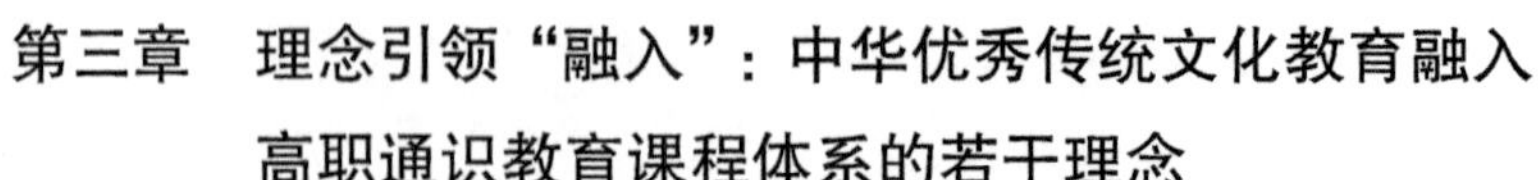

第三章　理念引领“融入”：中华优秀传统文化教育融入高职通识教育课程体系的若干理念

第四章　强壮课程筋骨：中华优秀传统文化教育与高职通识教育课程体系建设

第五章　“四维”建构体系：中华优秀传统文化教育融入高职通识教育课程的内涵体系架构

第一章

坚定文化自信：中华优秀传统文化的时代价值

中国文化源远流长、风华浸远，中华文明博大精深、灿若星河。在漫长的历史发展进程中，中华民族所创造、积淀的中华优秀传统文化是中华民族宝贵的精神财富，是中华民族的根和魂，是我们的民族底色，是我们在世界文化激荡中站稳脚跟的根基，也是世界文明星河中最璀璨的星辰，为世界文明发展作出了巨大贡献。中华优秀传统文化塑造了中华民族的精神品格，是中华民族的精神命脉，是中华民族生生不息、永续发展的动力源。中华优秀传统文化给我们提供了延绵不断、日用而不觉的全面滋养。推动中华优秀传统文化创造性转化、创新性发展，充分发挥出其时代价值，有效涵养社会主义核心价值观，为中国式现代化建设，为实现中华民族伟大复兴提供智慧支撑和动力支撑，是新时代赋予我们的重大责任。

一、中华民族伟大复兴的内生动力源泉

文化是指在人类社会历史发展进程中所创造、积累的物质财富和精神财富的成果总和。文化包括文学、艺术、教育、科学、宗教、道德等各方面。传统文化就是文明演化而汇集成的一种反映民族特质和风貌的文化，是各民族历史上各种思想文化、观念形态的总体表现，是对应于当代文化和外来文化的一种统称。其内容当为历代存在过的种种物质的、制度的和精神的文化实体和文化意识。

中华文化是指中华民族在社会历史发展进程中所创造、积累

的全部物质财富和精神财富的总和。中华传统文化是中华文明演化而汇集成的一种反映民族特质和风貌的民族文化，是民族历史上各种思想文化、观念形态的总体表征，是指居住在中国地域内的中华民族及其祖先所创造的，为中华民族世世代代所继承发展的，具有鲜明民族特色、历史悠久、内涵博大精深的文化。

客观而论，传统文化虽然内涵丰富，但其内容良莠不齐。所谓中华优秀传统文化，是中华传统文化中先进、精华、优秀的部分，其积淀着中华民族最深沉的精神追求，代表着中华民族独特的精神标识，是中华民族生生不息、发展壮大的丰厚滋养，是中国特色社会主义植根的文化沃土，是当代中国发展的突出优势。

文化的力量最深沉、最持久、最有力。一个民族的文化是这个民族有别于其他民族的精神特质，是这个民族的基因，对于其生产、生活和发展具有重要影响。中华优秀传统文化在中华民族发展进程中产生了至关重要的影响，在以中国式现代化全面推进中华民族伟大复兴的历史进程中，中华优秀传统文化具有重大战略价值。传承弘扬好中华优秀传统文化，是实现中华民族伟大复兴的不可或缺的重大举措，是推动中华民族发展、进步的生生不息的内生动力源泉。

中华优秀传统文化是中华民族的精神命脉，是浸透在血脉、灵魂中的特质，是中华民族的文化基因，是中华民族的根和魂，是中华民族的独特的精神标识，是最深厚的文化软实力，是激励、支撑中华民族生生不息、永续发展的内生动力源泉，是我们民族的精神家园。

中华优秀传统文化对于历史进程的推动作用，对于我们的激励、引领、感染和影响力，主要体现在中华优秀传统文化中的核心价值理念、中华传统美德、人文精神、哲学思想，能够恒久、有效涵养我们的思想道德、家国情怀，让我们做一个有思想深度、有道德情操、有浓厚家国情怀的中国人；能够丰富我们的思想、启迪我们的智慧，让我们做一个善于思考、富有智慧的中国人；能够坚定我们的理想信念、增强我们的信心、毅力，为我们克服困难、达成目标提供强大的精神支撑和澎湃动力。

一部中华民族发展史，就是中国人民在中华优秀传统文化的激励、影响下，不断克服困难、战胜敌人，开拓创新、勇毅前行的历史，就是中华优秀传统文化不断赋能中国人民，使其不断创造奇迹，推动社会进步，并不断促进文化发展的历史。根植于中华民族血脉中的中华文化基因，是中华民族的独特的精神标识，是我们区别于其他民族文化的根本特质。我们的日常学习、生活、工作离不开中华文化，我们的思维方式、生活方式、治国理政之道、风俗礼仪、道德习惯等均和中华优秀传统文化紧密关联，如尊老爱幼、爱岗敬业、与人为善等道德规范，元宵节、七夕、中秋、春节等节日风俗，天人合一、万物并育的生态理念，疑罪从无、上诉不加刑的法学思想等均是对中华优秀传统文化的传承和发展。

建设社会主义文化强国是中华民族伟大复兴的题中应有之义，社会主义文化强国建设离不开我国人民整体文化素质的提升。文化兴则国运兴，文化强则民族强。持续提升民族的整体文化素质和水平，高质量推进文化强国建设，就必须有效传承和弘扬中华优秀传统文化，实现中华优秀传统创造性转化、创新性发展。实现中华优秀传统文化创造性转化、创新性发展，建设中华民族现代文明，就要理解和把握中华文明的历史渊源和核心价值，否则，创造性转化、创新性发展就无从谈起，就不能准确把握中华民族现代文明建设的底层逻辑和特质。我们要以高度的历史、文化自觉自信，植根于中华优秀传统文化沃土，系统、深入研究中华优秀传统文化发展的内在逻辑和本质特征，科学梳理、准确理解中华优秀传统文化融汇孕育而成的核心思想理念、道德规范、人文精神、哲学思想、审美品格等，结合新时代中国特色社会主义文化建设的新实践，结合中国式现代化建设的新需要，结合中华民族现代文明建设的新要求，推动中华优秀传统文化创造性转化、创新性发展，不断创新、丰富中华优秀传统的内容和形式，以科学、丰富、充分的文化产品，服务于中华民族现代文明建设。

在我们这样一个有着十四亿多人口的大国，在以中国式现代化全面推进中华民族伟大复兴的波澜壮阔的实践中，一定会遇到来自多方面的各式各样的挑战。例如，近几年，一些西方国家视中国为“最大的战略竞争对手”，在经贸、科技等多领域，对我们进行打压、遏制，其手段无所不用其极，颇有不遏制住我国发展不罢休之势。对于这些西方国家的如此行径，我们如何看待、怎样应对呢？我们充分相信，有着五千多年文明史的中华民族，有着博大精深的优秀传统文化的中华民族，有着孔子、孟子、老子、庄子、孙子、韩非子等一大批世界级思想家的中华民族，有着《易经》《道德经》《孙子兵法》《武备志》等浩浩经典的中华民族，一定会充分借鉴中华优秀传统文化中所积淀的智慧、谋略，创造性取得斗争的胜利，必然实现中华民族伟大复兴。

二、推动人的全面发展的精神动力源泉

马克思主义关于人的全面发展理论是我们制定关于促进人的全面发展政策、全面提升我国公民综合素质的基本指南。“代替那存在着阶级和阶级对立的资产阶级旧社会的，将是这样一个联合体，在那里，每个人的自由发展是一切人的自由发展的条件。”（马克思、恩格斯:《共产党宣言》）马克思认为，社会主义、共产主义是比资本主义“更高级的、以每个人的全面而自由的发展为基本原则的社会形式”（马克思:《资本论》）。推动人的全面发展，是马克思主义的基本价值取向和追求。

中国共产党人对人的全面发展高度重视，在党的创新理论中对人的全面发展理论有着系统、深入的论述。1957 年，毛泽东同志在《关于正确处理人民内部矛盾的问题》一文中提出“我们的教育方针，应该使受教育者在德育、智育、体育几方面都得到发展，成为有社会主义觉悟的有文化的劳动者”的重要论断，成为我国教育方针的底色和主基调。1978 年，在改革开放后第一次全国教育工作会议上，邓小平同志指出:“我们的学校是为社会主义建设培养人才的地方。培养人才有没有质量标准呢？有的。这就是毛泽东同志说的，应该使受教育者在德育、智育、体育几方面都得到发展，成为有社会主义觉悟的有文化的劳动者”“培养理论与实际相结合、

学用一致、全面发展的新人的根本途径，是逐步消灭脑力劳动和体力劳动差别的重要措施”。邓小平同志结合实际，提出了培养“四有”新人，即“有理想、有道德、有文化、有纪律”的人才教育培养理论；提出了尊重知识、尊重人才的理论；提出了“教育要面向现代化，面向世界，面向未来”的“三个面向”理论。邓小平同志所提出的教育理论进一步丰富和发展了马克思主义关于促进人的全面发展的理论。2001 年，江泽民同志在“七一”讲话中强调指出：“我们建设有中国特色的社会主义的各项事业，我们进行的一切工作，既要着眼于人民现实的物质文化生活需要，同时又要着眼于促进人民素质的提高，也就是要努力促进人的全面发展。”人的全面发展，就是人的社会关系的发展。人的全面发展，其表现为人在社会实践基础上，人的生理、心理、思想道德和科学文化等方面素质的全面、和谐、自由、充分的发展，也就是在人的各种素质综合作用的基础上，人的个性的发展。人的全面发展是指全社会的每一个人的全面发展，人的全面发展是在整个社会不断发展的基础上的全面发展。社会主义制度为实现人的全面发展提供了社会条件。培养全面发展的人，则必须坚持党的教育方针。2003 年，胡锦涛同志提出了科学发展观，强调要坚持以人为本，全面协调可持续发展。胡锦涛同志指出，要以实现人的全面发展为目标，让发展的成果惠及全体人民。胡锦涛同志还强调权为民所用、情为民所系、利为民所谋。让发展成果惠及全体人民，实现人的全面发展，是我们党的核心价值追求之一。

习近平总书记强调，必须坚持以人民为中心的发展思想，多次深刻指出要“不断促进人的全面发展”。2020 年 10 月 29 日，在党的十九届五中全会第二次全体会议上，习近平总书记强调，我国现代化是物质文明和精神文明相协调的现代化。我国现代化坚持社会主义核心价值观，加强理想信念教育，弘扬中华优秀传统文化，增强人民精神力量，促进物的全面丰富和人的全面发展。2023 年 3 月 15 日，在北京出席中国共产党与世界政党高层对话会时，习近平总书记指出：“现代化的最终目标是实现人自由而全面的发展。政党要锚定人民对美好生活的向往，顺应人民对文明进步的渴望，努力实现物质富裕、政治清明、精神富足、社会稳定、生态宜人，让现代化更好回应人民各方面诉求和多层次需要，既增进当代人福祉，又保障子孙后代权益，促进人类社会可持续发展。”人的全面发展理论是马克思主义理论的重要组成部分，人的全面发展是马克思主义的基本价值取向，人的全面发展是科学社会主义的重要价值追求。促进物的全面丰富和人的全面发展是中国式现代化的必然追求，亦是中华民族伟大复兴的必然要求。理想信念、思想道德、价值观念、心理品质、审美素养等是人的自由而全面的发展的重要内涵。而中华优秀传统文化恰恰是涵养我们思想道德、理想信念、心理品质、家国情怀、审美素质的营养源，是推动我们自由而全面发展的精神动力源泉。

博大精深的中华优秀传统文化，如其中丰富且充分的文学艺术成果，可以给我们提供多维度的滋养，可以带给人们多样的体验与感悟，能引领我们跨越时空，对话各式人物、体验各式场景，既有“大漠孤烟直，长河落日圆”的壮阔与苍茫，也有“我住长江头，君住长江尾。日日思君不见君，共饮长江水”的一江相思与无奈，或苍凉浩瀚，或满腔柔情，都是灵魂呼喊，都是情感告白，不一样的美，却都一样美到让人心醉。这样的氛围里，这样的心境下，又有谁能不受到感染呢。孔子的渊博、老子的睿智、孙子的谋略、岳飞的忠勇、苏轼的豪放、李清照的婉约、儒释道的庞大的思想体系等，都会自觉不自觉给我们以影响，能够在推进强国建设、民族复兴伟业进程中为我们源源不断地提供澎湃的精神动力。

三、有效涵养民族文化自信心

民族文化自信是对本民族文化的历史积淀，是对其强大的生命力和美好发展前景的充分肯定和相信。文化自信是一个国家、一个民族发展中最基本、最深沉、最持久的力量，从某种意义上讲，民族自信是一个民族的整体精神风貌、文明程度、发展潜力和美好前景的重要标志。民族文化自信缺失或民族文化自信弱化，则无以建设起繁盛的民族文化，无法为民族发展提供恒久、有力的文化支持。民族文化自信，关乎民族未来发展，关乎国运兴衰，关乎民族基因传承、精神赓续，也关乎国家安全，因此我们应当从战略高度深入研究文化自信，深化对文化自信的认识，准确把握文化自信的内在发生发展逻辑、重大价值和发挥作用的机理等，更加有效培育、增强民族文化自觉自信。

中华民族历史悠久，饱经沧桑，以其顽强的意志和强大的生命力，一路走来，历千难万险而生生不息。中华民族创造了无与伦比的灿烂文明，泽被天下，影响深远。先秦诸子，百家争鸣，先秦子学，百花繁盛；两汉经学，融通各家，通经致用；魏晋玄学，究本探源，圆通三教；隋唐佛学，理修并重，传播广泛；宋明理学，以儒为宗，格物致知，精致完备。在中华文明史上，学术思想繁荣时期接次呈现，为中华文化的发展注入了强大的生机与活力，极大地推动了中华文化的发展。

在中华民族发展的漫长历史进程中，孕育、产生了诸家学说，儒、释、道、墨，各家尽显其长，名、法、阴阳、农、杂、兵等学说纷呈精彩。老子、孔子、庄子、孟子、荀子、韩非子等诸子智慧绝伦、思想深邃、影响深远，董仲舒、王充、何晏、王弼、韩愈、周敦颐、程颢、程颐、朱熹、陆九渊、王守仁、李贽以其精深的思想理论化育天下，黄宗羲、顾炎武、王夫之、康有为、梁启超、孙中山、鲁迅等思想遗产丰富，推动了中华文化发展。在先贤们创造、积淀下来的浩如烟海的中华文化遗产中，包含有丰富的治国理政智慧、为人处世之道、修身养性之法，为中华文明宝库贡献了重要内容，赋予了灵性、活力，为世界文明作出了重大贡献，为他国文明发展提供了借鉴，为人类命运共同体发展提供了精神财富支撑。

中华优秀传统文化博大精深，其内容极为丰富，包含治国理政、待人接物、修身养性、文学艺术、道德规范、宗教礼仪、人文精神、哲学思想、审美理念、服饰习俗、节日节气、中医中药、音乐武术等不同的领域和方面。每一个领域和方面，都有着各式各样的文化载体和呈现方式，以文字、知识、器物、工艺、习俗等多样的形式存在，与我们的学习、生活、工作产生重要影响。可以说，中华民族大家庭中的每一位成员，都是在中华文明的滋养下成长发展起来的，都受到中华优秀传统文化的浸润。中华优秀传统文化的基因植根于我们的血脉中，我们能够从中华优秀传统文化中汲取到进一步发展的丰富、充分的营养，能够从中获取克服困难、战胜敌人的强大智慧和力量。当下，我们要在中国共产党的领导下，以习近平新时代中国特色社会主义思想为指导，结合新时代我国改革发展的实际，高质量推动中华优秀传统文化创造性转化、创新性发展。中华优秀传统文化是我们的根和魂，其无时无刻不在涵养着我们对于自己民族文化的自信心。作为中华民族的一员，我们每人都在享受着中华优秀传统文化的哺育、滋养，我们又同时在为传承和弘扬中华优秀传统文化做着贡献，我们有信心和能力在传承和弘扬中华优秀传统文化的基础上，高质量推进中华民族现代文明建设。愈是深入学习研究中华优秀传统文化，就愈发深刻体会到中华优秀传统文化的博大精深，就愈发为中华民族而骄傲。

坚定文化自信是提升民族整体文化素质，推进文化强国建设，支撑中国式现代化建设的重要路径之一。我们的文化自信是建立在对中华优秀传统文化全面、深入理解基础上的。如果对我们民族的优秀传统文化的发展沿革、博大内涵、本质特征、巨大价值等，缺乏了解或了解不多、肤浅，那也就谈不上对中华优秀传统文化有深度的认同和热爱，就不会产生深沉的情感，因此也就无法培育对中华优秀传统文化的自觉自信。对于民族文化的自觉自信源于对于民族文化发展历程、具体内涵、巨大价值和影响力的理解和把握。从这个维度讲，我们迫切需要组织力量对中华优秀传统文化进行全方位分析研究、梳理整合，按照不同受众的认知特点和文化传播规律，创新中华优秀传统文化的内容、形式和载体，研究、制作出适于不同群体需要的文化产品、服务，以满足人们学习掌握中华优秀传统文化的多元需要，以此促进人们综合文化素养的提升。

中华优秀传统文化，其内容浩如烟海，很难穷尽。可以把中华优秀传统文化中所蕴含的核心思想理念、传统美德、人文精神、哲学思想、审美价值等，进行梳理归纳，以此统领中华优秀传统文化的内容。在这些一级项目之下，可以细分为若干子类。在相应的子类之下，从经、史、子、集等不同的素材库中，选取中华优秀传统文化中相应的典型材料，遵循人们的认知规律、文化传播规律，制作成不同类型的中华优秀传统文化方面的学习教育资源，供人们学习中华优秀传统文化之用。例如，中华优秀传统文化中所包含的核心价值理念，可以细分为讲仁爱、重民本、守诚信、崇正义、尚和合、求大同等，在此基础上，经过深入研究分析、遴选归纳，把经、史、子、集中相应的典型材料，进行创造性转化，使之成为便于人们接纳的学习教育资源，并分别归于以上细分后的核心思想理念之下。这就在一定程度上推进了中华优秀传统文化创造性转化，为人们学习、理解中华优秀传统文化提供了指引和帮助，有助于人们深入把握中华文明所具有的突出的连续性、创新性、统一性、包容性、和平性，为有效涵养人们的文化自觉自信提供了助力。

四、应对百年未有之大变局的深沉恒久之力量

如今世界，面临诸多不稳定、不确定、不安全因素，且这些因素日益突显并相互叠加，使得人类所面临的生存、发展环境受到诸多挑战，我们所面临的是百年未有之大变局。如何处理诸多的不稳定、不确定、不安全因素，面对百年未有之大变局，我们该如何应对呢？我们能够为我国、为世界贡献什么样的智慧，提出什么样的中国方案呢？我们又能够从中华优秀传统文化中汲取什么样的智慧来有效应对正在加速演变的百年未有之大变局呢？

马克思主义唯物辩证法告诉我们，要辩证地看问题。对于我们所面临的百年未有之大变局，我们也要辩证地看待。危与机并存，危中有机、危中求机、危可转机，危中求变、变中求新，要在危机中育新机、于变局中开新局，大变局中亦有大机遇。面对百年未有之大变局，伟大的中国共产党人，以习近平新时代中国特色社会主义思想为指导，从中华优秀传统文化的浩大思想库中汲取智慧和能量，处变不惊、从容应对。2014 年 4 月 15 日，在中央国家安全委员会第一次会议上，习近平总书记创造性提出了总体国家安全观，为确保新时期我国国家安全和社会稳定，为我们坚决维护国家主权、安全、发展利益，提供了基本遵循、行动指南。

中华优秀传统文化中蕴含丰富的关于国家安全方面的战略思想，例如“生于忧患，死于安乐”“安而不忘危，存而不忘亡，治而不忘乱”“民惟邦本，本固邦宁”等。总体国家安全观根植于中

华优秀传统文化之沃土，汲取了中华优秀传统文化中关于国家安全方面的思想观念、经韬纬略之精华，是对马克思主义安全观的丰富和发展，为强国建设、民族复兴伟业提供了强大的思想理论保障。

面对世界、时代之变的风高浪急甚至惊涛骇浪，中国共产党人以宏阔的视野、博大的格局、宽广的胸怀、坦荡的品质，以站在全球治理、全人类幸福的高度，回应人类关切，寻找有效应对大变局之道。习近平总书记高瞻远瞩、洞察全局，创造性提出了构建人类命运共同体这一有着鲜明的中国特色、中国智慧的理念和方案，并在此基础上进一步提出中华民族共同体、山水林田湖草沙是一个生命共同体、人与自然命运共同体、人类安全共同体、人类文明新形态等理念，为世界和平发展、为人类幸福安全、为时代之进步作出了巨大贡献。

习近平总书记在多个重要场合强调，“让文明交流互鉴成为增进各国人民友谊的桥梁、推动人类社会进步的动力、维护世界和平的纽带”。各民族在历史发展进程中都产生、积淀了具有本民族特色的独特的文明，各种文明没有优劣高下之分，仅有姹紫嫣红之别，坚持各种文明之间交流互鉴是促进人类文明和谐发展的必然之路。

中华文明是人类文明史中最悠久、最绚烂，影响最广泛、最深远，最具生命力的文明之一。中华优秀传统文化中所蕴含的哲学思想、核心理念、人文精神、家国天下情怀、审美价值等，有效涵养了我们的精神、情怀，为中国共产党人的理论创新提供了丰富的营养和坚实的支持。例如，中华优秀传统文化中关于“和合”“仁爱”“天下为公”等的思想理念、交往之道、社会理想，“协和万邦”的天下观，“和衷共济”的发展观，“和而不同”的社会文化观，“天人合一”“万物并育”的宇宙观、生态观等，都是我们进行理论创新、制度创新、实践创新的营养源，能够为我们应对百年未有之大变局提供强大的智慧、策略支持。

中国传统文化中“求同存异”思想是极具价值的一种思想。“乐者为同，礼者为异。同则相亲，异则相敬。”（《礼记·乐记》）其意是说，乐的功能是求同，礼的功能是存异；求同则能够让人们相亲相爱，存异则能够让人们保持尊重。“大乐与天地同和，大礼与天地同节。”（《礼记·乐记》）其意是指，尊重、适配天地万物特性，建立法度规则、保持节制秩序等。这与《中庸》中所言“万物并育而不相害，道并行而不相悖”是一致的。中华民族共同体、人类命运共同体理念以及由此而提出的人类安全共同体、人与自然命运共同体、人类文明新形态等理念，是在马克思主义中国化时代化历史进程中，坚持把马克思主义基本原理同中国具体实际相结合、同中华优秀传统文化相结合的生动体现，是对中华优秀传统文化的创新性发展，对人类文明和世界和平发展具有重大价值。

习近平新时代中国特色社会主义思想是当代中国马克思主义、二十一世纪马克思主义，是中华文化和中国精神的时代精华，实现了马克思主义中国化新的飞跃。习近平新时代中国特色社会主义思想是一个系统完整、逻辑严密的科学理论体系。习近平新时代中国特色社会主义思想深深植根于中华文化的沃土之中，中华优秀传统文化中所蕴含的丰富的哲学思想、中华人文精神和道德理念等对这一科学理论体系给予了有效滋养，中华优秀传统文化是这一科学理论体系的重要来源。习近平经济思想、习近平法治思想、习近平生态文明思想、习近平强军思想、习近平外交思想等是习近平新时代中国特色社会主义思想的有机组成部分。其每个有机组成部分受到中华优秀传统文化的滋养。例如，老子《道德经》有言，“天之道，损有余而补不足”；孔子《论语·季氏》第十六篇提出，“不患寡而患不均”；管子《管子》提出，“以天下之财，利天下之人”“凡治国之道，必先富民”“贫富无度则失”等思想。从先贤的这些经济思想中，我们可以看到共同富裕思想的元素，这些思想与共同富裕、共享发展成果的理念是相通的。中华优秀传统文化中所蕴含的丰富的经济思想为习近平经济思想提供了丰富营养。这一科学理论体系是对中华优秀传统文化进行创造性转化、创新性发展的经典，是中华文化和中国精神的时代精华。我们可以骄傲地讲，中华优秀传统文化是我们应对百年未有之大变局的深沉恒久之力量。

五、创造性转化与创新性发展

对于创造性转化、创新性发展，习近平总书记给出了明确定义。习近平总书记指出，创造性转化，就是要按照时代特点和要求，对那些至今仍有借鉴价值的内涵和陈旧的表现形式加以改造，赋予其新的时代内涵和现代表达形式，激活其生命力。创新性发展，就是要按照时代的新进步新进展，对中华优秀传统文化的内涵加以补充、拓展、完善，增强其影响力和感召力。习近平总书记对于创造性转化、创新性发展的定义，清晰界定了其内涵和外延，对我们学习、研究、把握这两个概念具有重要指导作用，对于推动实现中华优秀传统文化创造性转化、创新性发展具有重大理论和实践价值。

通过对中华优秀传统文化的创造性转化、创新性发展，以新的时代内涵对那些至今仍有借鉴价值的中华优秀传统文化的内涵进行改造，使其适于新时代特点和要求，能够以鲜活的富有时代特点的内涵满足新时代人们对于文化的需要。通过技术赋能推动形式创新，以现代表达形式，改造陈旧的表现形式，使某些中华优秀传统文化的陈旧形式转化为新时代人们所喜闻乐见的形式。经过这样的创造性转化，让中华优秀传统文化从内容到形式都更富有生机与活力；按照时代的新进步新进展，对中华优秀传统文化的内涵加以补充、拓展、完善，使其更具时代感，更具影响力和感召力，能更充分、更有效满足人们的多元需要，使中华优秀传统文化更好地发挥出其时代价值。

推动中华优秀传统文化创造性转化、创新性发展意义重大。首先，其是建设中华民族现代文明的需要。中华优秀传统文化是中华文明的智慧结晶和精华所在，是中华民族的根和魂，是滋养、推动中华民族永续发展的营养源、动力源。历史割不断、文化割不断，不忘历史、不忘本来，传承、弘扬好本民族优秀传统文化，是我们继续前行的基础。建设中华民族现代文明，离不开中华优秀传统文化，否则我们文化建设就成了无源之水、无本之木，是根本不可能达成建设目标的虚幻之想。其次，中华优秀传统文化是建设中华民族现代文明的基础，推动中华优秀传统文化创造性转化、创新性发展，是建设中华民族现代文明的重要目标任务之一。立足于中华优秀传统文化，开创新时代中国特色社会主义文化建设的新局面，建设繁荣昌盛的中华民族现代文明，是中华儿女的时代责任，也是强国建设和民族复兴伟业的基本要求。第三，推动中华优秀传统文化创造性转化、创新性发展，能为以中国式现代化全面推进中华民族伟大复兴提供智慧支持。经过创造性转化、创新性发展，不断改造、拓展、丰富、发展优秀传统文化的内涵，创新、丰富优秀传统文化的载体、形式，使其治国理政思想、道德规范、价值追求、哲学思想、审美精神等具有鲜明的时代韵味，更好发挥出其时代价值，以便为中华民族伟大复兴提供充分的精神支撑。第四，推动中华优秀传统文化创造性转化、创新性发展是保障新时代国家、民族安全之需要。文化安全是国家安全的重要组成部分，文化安全关乎民族前途、文明延续。与时俱进，不断推动中华优秀传统文化创造性转化、创新性发展，以高水平的文化建设成果满足中华儿女的精神需要，为构建人类命运共同体提供智慧支持，以文化安全护卫国家总体安全。第五，中华优秀传统文化创造性转化、创新性发展是促进人的全面发展之需要，是中华民族在世界文化激荡中站稳脚跟之需要，是坚定文化自信之需要。人的全面发展是我们的重要价值追求之一。实现优秀传统文化的创造性转化、创新性发展，不断满足人们更高水平的文化需求，助力人们综合素质提高，是实现人的全面发展的重要路径和逻辑必然。世界文化风云激荡，我们要站稳脚跟、稳健前行，就要在文化发展领域不断丰富自己、壮大自己，中华优秀传统文化是我们民族的根基，是坚定文化自信的重要基础，我们要通过推动中华优秀传统文化创造性转化、创新性发展，让根基更茁壮、让基础更牢固。

推动中华优秀传统文化创造性转化、创新性发展，要坚持以习近平新时代中国特色社会主义思想为指导。以习近平新时代中国特色社会主义思想为指导，是推动中华优秀传统文化必须要坚持的首要的、基本的原则。习近平新时代中国特色社会主义思想是以习近平同志为主要代表的中国共产党人，坚持把马克思主义基本原理同中国具体实际相结合、同中华优秀传统文化相结合的产物。坚持以习近平新时代中国特色社会主义思想为指导，能够保障创造性转化、创新性发展正确的方向性和科学性，能够指导我们准确把握创造性转化、创新性发展的重点、关键、路径等，为高质量推动创造性转化、创新性发展提供基本遵循和指导。要坚持立足中华优秀传统文化，坚决反对文化虚无主义。中华优秀传统文化灿若星河、博大精深、风华浸远。在推动中华优秀传统文化创造性转化、创新性发展进程中，要清醒认识到，我们所要推进的转化、发展，是中华优秀传统文化转化、发展，而绝不是其他什么民族传统文化转化、发展，要站稳脚、把好舵，要旗帜鲜明反对文化虚无主义，让中华优秀传统文化创造性转化、创新性发展工作切实落地见效。要坚持开放、包容原则。文明因交流而多姿多彩、因互鉴而丰富发展。推动中华优秀传统文化创造性转化、创新性发展，我们要以开放、包容胸怀对待其他民族文明，要有广阔的视野、格局，我们的视域要包纳世界，我们的眼里要有星辰大海。在向世界创造性讲好、传播好中华优秀传统文化故事的同时，要善于在文明交流、互鉴中吸纳、借鉴其他文明的优秀成果，以更好促进中华优秀传统文化创造性转化、创新性发展。

如何实现中华优秀传统文化的创造性转化、创新性发展呢？实现此转化、发展的前提是国家、社会对其予以高度重视，推动优秀传统文化转化、发展的组织机构、规章制度、环境氛围等要能够适配此转化、发展要求。在此前提下，各类中华优秀传统文化传承、发展主体的文化素养和推动优秀传统文化创造性转化、创新性发展的能力和水平等则是推进此转化、发展的关键。推动中华优秀传统文化创造性转化、创新性发展的主要维度有内容、形式、载体等。从内容维度观察，可以根据时代新进步新要求，把不能适应时代进步要求的内容，但是仍有借鉴价值的进行改造，使其富有时代气韵，激活其生命力。此外，站在新时代新高点，根据新变化新诉求，有效梳理、分析优秀传统文化与新时代文化发展的结合点、融通处，以新的理念、内涵，补充、拓展、完善、丰富传统文化内容，使其生命力、影响力更加强大，能更好适配时代、满足人们需要。可以运用现代信息技术手段，迭代创新中华优秀传统文化的形式与载体，例如以微视频、动漫、VR/AR等形式呈现中国古代诗词歌赋的内涵等，可以在日常生活用品、公共场所、各种媒体等不同场景，以不同的载体生动表达优秀传统文化等。

六、新时代对高职生的基本素质要求

新时代对高等职业教育发展提出了新标准新要求，对高职生的基本素质提出了新要求。习近平总书记强调，职业教育与经济社会发展紧密相连，对促进就业创业、助力经济社会发展、增进人民福祉具有重要意义。这指明了职业教育对促进我国经济社会发展、增进人民幸福的巨大价值。党的二十大报告指出，统筹职业教育、高等教育、继续教育协同创新，推进职普融通、产教融合、科教融汇，优化职业教育类型定位。党的二十大报告明确了我国职业教育路径与模式，明确了职业教育的类型定位和发展方向。习近平总书记对职业教育工作作出重要指示强调，加快构建现代职业教育体系，培养更多高素质技术技能人才、能工巧匠、大国工匠。习近平总书记对职业教育的重要指示，进一步清晰了职业教育人才培养的目标定位，有利于促进职业教育链、人才链与产业链、创新链有机衔接，对职业院校为党育人为国育才具有重大指导、推动作用。

新时代对高职生的素质要求是多方面的，总体上讲就是要成为德智体美劳全面发展的高素质的技术技能人才、能工巧匠、大国工匠。具体说来就是政治上要有较高的政治站位，坚定对伟大祖国、中华民族、中华文化、中国共产党、中国特色社会主义的高度认同，要深刻领会“两个确立”的决定性意义，增强“四个意识”，坚定“四个自信”，做到“两个维护”；自觉加强思想道德修养，自觉培育、践行社会主义核心价值观，不断提升自己的思想道德素质，爱岗敬业、精益求精、追求卓越，诚信友善、团结协作、担当尽责，尊老爱幼、乐于助人、廉洁奉公；努力学习实践，善于沟通交流，有较好的文化素养，遵纪守法，人际关系和谐；身心素质良好，理性平和，能正确认识、处理学习、生活、工作中的诸多关系；思维方法科学，创新意识较强，积极进取、勇于创新；审美意识、兴趣强，善于发现美、欣赏美，努力追求美、创造美；合理规划职业生涯，为实现职业生涯目标努力学习实践，专业知识扎实、技术技能熟练、能够学以致用，利用专业技能解决问题能力强，胜任岗位要求。

新时代高职生要按照新时代要求，有效提升自己的综合素质，以顺利适应职业岗位要求。一般意义而言，高职生可以通过以下渠道提升自己的综合素质。

课程课堂教学是高职生学习专业人才培养方案中所开设的各门公共基础课程、专业课程的基本理论知识、能力，培育相应素质，提升基本职业素养的重要路径。各高等职业院校按教育部等教育主管部门要求，开设有丰富的公共基础课程及专业课程，各校根据上级精神及学校实际，以线下、线上或线上线下混合式教学方式开设这些课程。为了提升课程教学成效，各高职院校积极推进课程教学改革创新，教师、教材、教法改革，即“三教”改革深入推进，取得了喜人成效。高职生只要充分发挥出自己的主观能动性，掌握科学的学习方法，有效、深度参与课程教学，努力学习课程理论知识、基本技能，自觉培育、践行课程所倡导的价值观，就能有效提升自己的综合职业素养。

实践教学是高职生提高基本职业素养的又一有效路径。高职生通过课堂教学所学到的基本理论知识、技能要通过实践教学进行检验、巩固、提高。在实践教学中，根据实践教学计划，高职生可以进一步学习、掌握课程技能，进一步提升运用所学解决问题的能力。在实践教学中使高职生熟练掌握知识、技能，进一步增强政治认同、提高政治站位，逐步培育劳动精神、劳模精神、工匠精神，逐步培育协作精神、强化法律法规意识、创新进取精神等。

课程思政建设是落实立德树人根本任务的重要举措。所有课程，不论是理论课，还是实践课，无论是公共基础课程，抑或专业课，均应结合专业特点、课程特征、学生实际，深入推进课程思政建设。课程思政教育是指将思想政治教育元素，融入各门课程中去，通过课程教学，潜移默化地对学生的思想意识、行为举止产生正向影响，发挥出课程的育人功能。课程思政不是一门或一类特定的课程，其基本含义是学校所有课程都具有传授知识、培养能力及思想政治教育的功能，承载着培养学生世界观、人生观、价值观的重要作用。课程思政不是要改变专业或公共基础课程的本来属性，更不是要把专业课或公共基础课改造成思政课模式，或者将所有课程都当作思政课程，而是在教学过程中，充分提炼课程中蕴含的文化基因、价值理念和精神追求，有机融入课程教学中，充分发挥课程的思政教育功能。我们有必要对专业教育与专业课程思政教育之关系进行研究分析。专业课程思政教育是以专业教育课程为载体进行的思政教育，课程思政教育贯穿在专业课程教学过程中，可以说，课程思政教育是专业教育的灵魂，是专业教育的应有之义。专业课程思政教育则站在专业的角度确立课程思政教育目标，将课程思政教育融入人才培养过程，把课程思政教育融入专业教学各方面各环节，使课程思政教学有序实施。专业教育与专业课程思政有机统一于高职院校专业教育教学实践中。

参加社会实践是新时代高职生提升自我职业素养的极为重要的路径。读万卷书是学习、提高的有效方式，行万里路亦是丰富阅历、开阔视野、增长见识、增强能力、训练心智、淬炼意志的必要、重要且有效的路径。中华民族伟大复兴已进入不可逆转的历史进程，我们已踏上实现第二个百年奋斗目标的新征程。置身于这样一个虽然面临百年未有之大变局，但是我国经济、科技、文化、社会等各方面都飞速发展的生机勃勃的时代，高职生应积极投身于社会实践中，自觉接受锻炼、淬炼、训练，在社会实践中学知识、阔视野、长见识、提素质、增才干、强本领。

自觉从中华优秀传统文化中汲取智慧和力量。新时代高职生要善于从中华优秀传统文化中汲取前行的智慧和力量，要逐步培育并养成学习掌握、创造性运用中华优秀传统文化所蕴含的核心价值理念、传统美德、人文精神、哲学思想、审美精神的思想和行为自觉。中华优秀传统文化是经过一代又一代先人们的创造、积淀之后形成的，是中华民族宝贵的精神财富，为中华民族生生不息、永续发展提供了不竭动力。不论是治国理政之道、协和万邦之策、为人处世之法、修身养性之理、农桑稼穑之事、工商贸易之要，还是天文地理、兵书韬略、中医中药、历法习俗、诗词歌赋、书法绘画，无论是礼乐歌舞、射御书数、武术厨艺，抑或建筑服饰、茶丝瓷漆、烟酒花道等，无一不有厚重积淀。这是我们的根和魂，是我们在世界文化风云激荡中站稳脚跟的坚实基础，是面对波谲云诡的百年未有之大变局，能够安身立命的精神家园。有效推动中华优秀传统文化创造性转化、创新性发展，不断提升从中华优秀传统文化中汲取营养、智慧，全面提升自身文化素养，坚定文化自觉、增进文化自信，为强国建设、民族复兴伟业作出更大贡献，是新时代赋予高职生的光荣使命。

坚持把马克思主义基本原理同中国具体实际相结合、同中华优秀传统文化相结合是马克思主义中国化时代化的必由之路。习近平总书记提出，“第二个结合”是又一次的思想解放。习近平总书记从党和国家事业的战略高度，全面总结、深刻阐述了中华文明的突出特性，提出了建设中华民族现代文明的重大论断。这一重大论断是新时代文化建设的根本遵循，也是推动中华优秀传统文化创造性转化、创新性发展的根本遵循。中华优秀传统文化一定会在建设中华民族现代文明的浩荡历史大潮中，充分绽放其时代风华、彰显其时代价值。

第二章

现状调研分析：中华优秀传统文化教育融入高职通识教育课程体系的逻辑起点

2018 年 8 月 21 日，习近平总书记在全国宣传思想工作会议上强调，中华优秀传统文化是中华民族的文化根脉，其蕴含的思想观念、人文精神、道德规范，不仅是我们中国人思想和精神的内核，对解决人类问题也有重要价值。要把优秀传统文化的精神标识提炼出来、展示出来，把优秀传统文化中具有当代价值、世界意义的文化精髓提炼出来、展示出来。对标新时代要求，结合专业、职业特点，结合课程、学生实际，把中华优秀传统文化教育有机融入高职通识教育课程体系（以下简称“融入”），是对高职生有效开展中华优秀传统文化教育，深化课程思政建设，将立德树人根本任务落到实处的重要举措，也是高职院校传承、弘扬中华优秀传统文化，教育、引领学生增强文化自觉自信，为社会主义文化强国建设作出贡献的重要举措。

全面了解中华优秀传统文化教育有机融入高职通识教育课程体系的现实状况，准确把握目前中华优秀传统文化教育有机融入高职通识教育课程体系既有的成就、经验和存在的问题，是我们深入推进中华优秀传统文化教育有机融入高职通识教育课程体系研究和实践的逻辑起点，也是高职院校推动中华优秀传统文化创造性转化、创新性发展的基本要求。北京市教育科学“十四五”规划 2022 年度一般课题“中华优秀传统文化教育融入高职通识教育课程体系研究”（立项编号：CIDB22218）于 2022 年 7 月 19 日被北京市教育科学规划领导小组办公室批准立项之后，为了全面、系统、精准把握中华优秀传统文化教育融入高职通识教育课程体系的现状，以便为本课题研究提供坚实支撑，课题组对中华优秀传统文化教育融入高职通识教育课程体系的现状进行了问卷调查，现就相关情况作如下分析、报告。

一、调查研究的思路与方法

（一）调查背景与问题提出

党的二十大报告指出："教育是国之大计、党之大计。培养什么人、怎样培养人、为谁培养人是教育的根本问题。育人的根本在于立德。全面贯彻党的教育方针，落实立德树人根本任务，培养德智体美劳全面发展的社会主义建设者和接班人。"教育部《完善中华优秀传统文化教育指导纲要》强调，开展中华优秀传统文化教育，要以弘扬爱国主义精神为核心，以家国情怀教育、社会关爱教育和人格修养教育为重点，着力完善青少年学生的道德品质，培育理想人格，提升政治素养。强调分学段有序推进中华优秀传统文化教育，把中华优秀传统文化教育系统融入课程和教材体系，全面提升中华优秀传统文化教育的师资队伍水平，着力增强中华优秀传统文化教育的多元支撑。

立德树人是高校一切工作的出发点和归宿。落实立德树人根本任务，必须将知识传授、能力培养和价值塑造有机融为一体，不可将其割裂。这就要求高职院校在开展文化育人过程中要充分汲取中华优秀传统文化元素，研究、探索中华优秀传统文化与职业院校文化育人的契合点，建设更加生动鲜活的通识教育课程思政课堂，激发学生对中华优秀传统文化的学习热情、提升学生对中华优秀传统文化的学习成效，为党为国培养高素质技术技能人才。深入推进中华优秀传统文化教育融入高职通识教育课程体系研究与实践，是深化课程思政建设，落实立德树人根本任务的重要举措，对于高职院校人才培养目标实现，具有重要理论和现实价值，必须花大力气、下大功夫做实做细做好。

本课题组遵循习近平总书记关于推动中华优秀传统文化传承与发展，关于职业教育的重要讲话、重要指示精神，对标党和国家要求，结合高等职业教育课程教学的现实需要，结合本课题研究与实践的需要，对中华优秀传统文化融入高职通识教育课程体系现状进行了深入调研，其主旨在于准确把握中华优秀传统文化教育融入高职通识教育课程体系现状，为高质量推进本课题研究与实践提供坚实支撑，为高职院校高质量开展中华优秀传统文化教育提供指导和借鉴。

（二）调查问卷设计

根据课题研究计划、调研实施方案，本课题组集思广益、汇智聚力，在认真研究分析、交流研讨的基础上，科学设计出调查问卷。在“中华优秀传统文化教育融入高职通识教育课程体系研究”课题开题之后，课题组根据北京市教育科学规划办和学校要求，依据课题研究计划启动了调查问卷的设计、论证工作。2022 年 7 月

28 日，经过课题组研讨，提出了本次调研的总体思路、设计原则、问卷整体架构等；在分析文献、学习政策精神、了解现实需要的基础上，经过汇智聚力、认真设计，课题组于 8 月 23 日完成了教师用及学生用调查问卷初稿的设计工作；在进一步吸纳课题组相关成员所提出的修改意见或建议的基础上，于 9 月 8 日完成了调查问卷的修订、完善工作；此后，课题组又征求了中国青年政治学院原副院长李家华教授、国防大学黄祖海教授等著名教育专家的意见；根据专家意见建议，课题组对调查问卷作了进一步完善，并于 9 月 26 日形成了最终版调查问卷。中华优秀传统文化教育融入高职通识教育课程体系现状调查问卷分两套设计、制作，分别为教师用卷、学生用卷。

教师用调查问卷共设置 13 道题，其中 8 道单选题、4 道多选题和 1 道主观题。问卷具体内容如下。

中华优秀传统文化教育融入高职通识教育课程体系调查问卷

（教师用卷）

各位老师：

大家好！

为了准确把握中华优秀传统文化教育融入高职通识教育课程体系现状，现对中华优秀传统文化教育融入高职通识教育课程的现状进行问卷调查，期待您能客观答卷。调研数据仅供研究之用，不会对您产生任何负面影响。

《中华优秀传统文化教育融入
高职通识教育课程体系研究》课题组
2022 年 9 月

1. 您认为中华优秀传统文化教育融入高职课程是指把其他课程建设成新的中华优秀传统文化教育课程吗？[单选题]

A. 是　　B. 不是　　C. 不清楚

2. 学校已经有专门的中华优秀传统文化教育课程，再把中华优秀传统文化教育融入高职通识教育课程体系是否有必要？[多选题]

A. 是落实立德树人根本任务的要求

B. 是一项必须要担起的政治任务

C. 有必要，是增强文化自信的内在诉求

D. 没有必要

3. 您所在的学校把中华优秀传统文化教育融入通识教育课程体系的情况：[单选题]

A. 全面推进，已取得成效

B. 碎片化开展，没有系统规划

C. 少部分教师根据自己的理解进行

D. 没有整体设计和具体举措

4. 您认为中华优秀传统文化教育融入高职通识教育课程体系面临的最主要问题是：[单选题]

A. 学校不重视　　B. 认识不足

C. 教师对中华优秀传统文化把握不够

D. 教师没经验　　E. 学生没兴趣

5. 如何把中华优秀传统文化教育有效融入高职通识教育课程体系：[多选题]

A. 学校要做好顶层设计　　B. 建强教师队伍

C. 建成一批示范课　　D. 推出一批优质教学资源

E. 选树一批示范校　　F. 评选一批教学名师

6. 如何挖掘通识教育课程中蕴含的中华优秀传统文化教育元素：[多选题]

A. 挖掘与教学内容相关的人文精神、价值理念、道德规范、人物故事、历史文化等

B. 所挖掘的中华优秀传统文化教育素材要自然融入具体的教学内容、教学进程中

C. 可以单独设置一个中华优秀传统文化教育时段

D. 结合教学内容、学生实际，讲好中国历史故事

7. 您认为中华优秀传统文化教育融入通识教育课程的最佳举措是：[单选题]

A. 结合课程内容自然融入中华优秀传统文化元素

B. 教师要提升中华优秀传统文化教育融入课程教学的能力

C. 要有科学、恰当的资源支持

D. 不清楚

8. 您所教授的课程中，有机融入了中华优秀传统文化元素吗？[单选题]

A. 适时适当进行中华优秀传统文化教育

B. 根据课程内容，偶尔有

C. 没有

D. 其他_____

9. 在您所担任的专业课或通识课教学中，最常进行以下哪方面的教育：[多选题]

A. 人文精神　　B. 价值观　　C. 道德规范

D. 家国情怀　　E. 物事民俗　F. 思想典籍

G. 其他_____

10. 您认为中华优秀传统文化融入通识教育课程体系的最优形式是：[单选题]

A. 教师讲解　　B. 案例讨论　　C. 视频播放

D. 参观体验　　E. 阅读自学　　F. 其他_____

11. 在您所教授的课程中，您选取资源最常用的方式是：[单选题]

A. 经常从中华优秀传统文化教育资源库中精准抓取所需资源

B. 自己根据教学需要，经常创造性编辑或制作中华优秀传统文化教育资源

C. 自己所用中华优秀传统文化教学资源主要有视频、文本案例、VR/AR 作品等

D. 对于新媒体环境下的中华优秀传统文化教学资源很少使用

12. 您所在学校对中华优秀传统文化教育融入通识教育课程评价的情况是：[单选题]

A. 制定了评价标准，未规范进行评价

B. 制定了评价标准，规范进行评价

C. 无评价标准

D. 有评价，但不规范

E. 评价标准及评价过程均较为粗放

13. 对于中华优秀传统教育融入高职通识教育课程体系，您的建议是：[多行文本题]

学生用调查问卷共设置 13 道题，其中 8 道单选题、4 道多选题和 1 道主观题。问卷具体内容如下。

中华优秀传统文化教育融入高职通识教育课程体系调查问卷
（学生用卷）

各位同学：

为了对中华优秀传统文化教育融入高职通识教育课程体系进行深入研究，现对中华优秀传统文化教育融入高职通识教育课程的现状进行调研，期待您能客观答卷。调研数据仅供研究之用，不会对您产生任何负面影响。

《中华优秀传统文化教育融入
高职通识教育课程体系研究》课题组
2022 年 9 月

1. 你认为中华优秀传统文化教育是否应该融入高职通识教育课程体系？［单选题］

A. 应该　　B. 不应该，开设专门课程即可　　C. 不清楚

2. 你对中华优秀传统文化教育融入通识教育课程的体验是？［单选题］

A. 结合课程内容自然融入中华优秀传统文化教育

B. 在课程中专门安排一段时间集中进行中华优秀传统文化教育

C. 只在所开设的专门课程中进行中华优秀传统文化教育

D. 不清楚

3. 在你所学过的通识课程中有讲到中华优秀传统文化吗？［单选题］

A. 有　　B. 没有　　C. 不清楚

4. 你认为学校在相关课程中应该进行中华优秀传统文化教育吗？［单选题］

A. 应该　　B. 不应该　　C. 不清楚

5. 根据你的了解，学校是怎样开展中华优秀传统文化教育的？［多选题］

A. 上中华优秀传统文化课

B. 中华优秀传统文化内容自然融入其他课程中

C. 学校组织中华优秀传统文化教育校内活动

D. 参加校外相关活动

E. 其他______

6. 在中华优秀传统文化课程外的其他课程中教师涉及中华优秀传统文化教育的程度是？［单选题］

A. 大部分教师涉及了（70% 以上）

B. 部分教师涉及了（30%—70%）

C. 很少教师涉及（10%—30%）

D. 几乎没有教师涉及（10% 以下）

7. 你喜欢在通识教育课程中融入中华优秀传统文化哪些内容？［多选题］

A. 民风民俗　　B. 民间艺术　　C. 中华地理

D. 汉字汉语　　E. 文学艺术　　F. 地域文化

G. 中国建筑　　H. 诸子百家　　I. 中医美食

J. 其他______

8. 你最喜欢你们学校中华优秀传统文化教育的哪种形式？［单选题］

A. 教师讲解　　B. 播放视频　　C. 参观访问

D. 讨论交流　　E. 阅读自学　　F. 其他______

9. 在进行中华优秀传统文化教育时，你的教师曾使用过？［多选题］

A. 文档材料　　B. 图片　　C. 视频

D. VR/AR 作品　　E. 异地线上同步赏析　　F. 其他______

10. 你认为教师讲的中华优秀传统文化内容与其所教授课程内容的关联度如何？［单选题］

A. 自然贴切　　B. 关系密切，不够自然

C. 有些关联，贴切不够　　D. 牵强附会，生搬硬套

11. 对教师在通识教育课程中融入中华优秀传统文化教育的满意度？［单选题］

A. 非常满意　　B. 满意

C. 基本满意　　D. 不满意

12. 你认为中华优秀传统文化：［多选题］

A. 是增强文化自信的营养剂　　B. 让我们由衷感到骄傲

C. 丰富多彩　　D. 博大精深　　E. 具有重要育人价值

F. 要推动中华优秀传统文化创造性转化、创新性发展

13. 对于在通识教育课程中融入中华优秀传统文化教育，你的建议是：［多行文本题］

中华优秀传统文化教育融入高职通识教育课程体系现状调查内容涉及调查对象对中华优秀传统文化教育及中华优秀传统文化教育融入高职通识教育课程的认知，高职通识教育主体的中华优秀传统文化素养，教师将中华优秀传统文化教育融入通识教育类课程教学的方式方法、途径、内容、成效、资源供给和保障等。在设计问卷时，从表述方式上尽力避免以过于直接的方式进行，通过答卷，能较好地将师生对中华优秀传统文化教育融入高职通识教育课程的认知、教学主体的中华优秀传统文化素养、“融入”制度机制建设状况、“融入”成效等情况，客观地呈现出来。

（三）调查研究对象及方法

本次使用中华优秀传统文化教育融入高职通识教育课程体系现状调查问卷（教师用卷）进行调查的主要对象为北京市高职院校通识课教师，调查采取“问卷星”问卷调查方式进行。共发放调查问卷 150 份，收回有效问卷 133 份，总有效率 89%。参与问卷调查的通识课教师主要来自以下北京市属高职院校：北京信息职业技术学院、北京工业职业技术学院、北京电子科技职业学院、北京财贸职业学院和北京交通职业技术学院等。

本次使用中华优秀传统文化教育融入高职通识教育课程体系现状调查问卷（学生用卷）进行调查的主要对象为北京市高职院校 2022 级、2021 级三年制学生，随机调查了共 1900 名学生。参与调查的学生共 1900 名，有效问卷 1900 份，样本有效率为 100%。调查采取“问卷星”问卷调查方式进行。参与问卷调查的学生主要来自以下北京市属高职院校：北京信息职业技术学院、北京工业职业技术学院、北京电子科技职业学院、北京财贸职业学院和北京交通职业技术学院等。

二、调查问卷的信度、效度及回归分析

（一）调查问卷的信度分析

对回收的 133 份教师用调查问卷单选问题 1、问题 3—4、问

题7—8、问题10—12，对回收的1900份学生用调查问卷单选问题1—4、问题6、问题8、问题10—11，进行信度和效度分析。教师用调查问卷的问题2、问题5—6、问题9，学生用调查问卷的问题5、问题7、问题9、问题12为多选题，因为多选题不是量表，所以不能做信度和效度分析。

对于回收的调查问卷，首先我们需要判定的是问卷中的调查题目能否支撑调查的目的、反映调查意图，问卷中的各个问题是否测量了相同的内容和信息；同时，对于问卷调查所得到的数据是否具有可靠性，则必须在对问卷调查数据分析之前做信度分析。信度本身与测量结果的正确与否无关，它的用途在于检测问卷本身的稳定性。信度分析中常用克隆巴赫系数（Cronbach’s alpha）的大小来衡量调查问卷的信度。一般而言，如果问卷的信度系数达到0.9以上，该问卷调查的信度就较好；信度系数在0.8以上，是不错的。一般认为，问卷信度系数在0.5至0.9以内，是合理的；如果信度系数低于0.5，则此问卷的调查结果就不可信了。

表2.1显示，针对“中华优秀传统文化教育融入高职通识教育课程体系现状调查问卷－教师用卷”整体问卷和问卷中的各个维度的Cronbach’s alpha系数值是0.944，大于0.9；表2.2显示，针对“中华优秀传统文化教育融入高职通识教育课程体系现状调查问卷－学生用卷”整体问卷和问卷中的各个维度的Cronbach’s alpha系数值是0.923，大于0.9。因此，可以推断出“中华优秀传统文化教育融入高职通识教育课程体系”教师用调查问卷及学生用调查问卷的可信度均非常好，该评价问卷具有较高的内在一致性。

表 2.1　教师用调查问卷的信度分析

案例处理汇总			
		N	%
案例	有效	133	100.0
	已排除[a]	0	0.0
	总计	133	100.0
a. 在此程序中基于所有变量的列表方式删除。			
可靠性统计量			
Cronbach's alpha		基于标准化项的 Cronbach's alpha	项数
0.944		0.957	8

表 2.2　学生用调查问卷的信度分析

案例处理汇总			
		N	%
案例	有效	1900	100.0
	已排除[a]	0	0.0
	总计	1900	100.0
a. 在此程序中基于所有变量的列表方式删除。			
可靠性统计量			
Cronbach's alpha		基于标准化项的 Cronbach's alpha	项数
0.923		0.961	8

（二）调查问卷的效度分析

具备信度的调查问卷不一定具备效度，因此在对调查问卷进行信度分析之后，可以再用 SPSS 对其进行效度分析。效度分析使用的是因子分析模型，在运用因子模型分析之前，首先要对教师用调查问卷数据进行因子模型适应性分析，分析结果如表 2.3 所示。

表 2.3　教师用调查问卷 KMO 和 Bartlett 的检验

KMO 和 Bartlett 的检验		
取样足够度的 Kaiser–Meyer–Olkin 度量		0.929
Bartlett 的球形度检验	近似卡方	89.300
	df	28
	Sig.	0.000

由表 2.3 的数据可知，问卷数据的 KMO 值为 0.929，并且通过了显著性水平为 0.05 的巴特利特（Bartlett）的球形度检验，说明问卷调查的数据非常适合做因子分析。在进行了适应性检验之后，接下来就进行因子分析，其结果如表 2.4 所示。

表 2.4　教师用调查问卷公因子方差

	初始	提取
Q1 中华优秀传统文化教育融入高职课程是否是指把其他课程建设成新的课程	1.000	0.498
Q3 学校是否把中华优秀传统文化教育融入通识教育课程	1.000	0.482
Q4 中华优秀传统文化教育融入高职通识教育课程体系面临的最主要问题	1.000	0.613
Q7 中华优秀传统文化教育融入通识教育课程的最佳措施	1.000	0.593
Q8 教师教授的课程是否融入了中华优秀传统文化元素	1.000	0.230
Q10 中华优秀传统文化融入通识教育课程体系的最优形式	1.000	0.847
Q11 所教授的课程中选取资源最常用的方式	1.000	0.485
Q12 学校对中华优秀传统文化融入通识教育课程评价情况	1.000	0.606
提取方法：主成分分析。		

（续表）

解释的总方差						
成分	初始特征值			提取平方和载入		
	合计	方差的 %	累积 %	合计	方差的 %	累积 %
1	2.002	25.022	25.022	2.002	25.022	25.022
2	1.335	16.685	41.707	1.335	16.685	41.707
3	1.017	12.716	54.422	1.017	12.716	54.422
4	0.975	12.191	66.613			
5	0.839	10.488	77.102			
6	0.687	8.586	85.688			
7	0.605	7.564	93.251			
8	0.540	6.749	100.000			
提取方法：主成分分析。						

对表 2.4 进行方差贡献率分析可知，具备信度的 8 个问题一共可以提取 3 个主成分，这 3 个主因子解释的方差占到了 54.422%，由此我们可以认为，这次提取的 3 个公因子在充分提取和解释原变量的信息方面比较理想。根据表 2.4，这 3 个主成分分别是：中华优秀传统文化融入通识教育课程体系的最优形式、中华优秀传统文化教育融入高职通识教育课程体系面临的最主要问题、学校对中华优秀传统文化教育融入通识教育课程评价情况。这 3 个主要组成要素的解释方差占到了 54.422%。也就是说在 8 个单选问题中，这 3 个问题通识课教师比较看重。

与教师用调查问卷同理，具备信度的学生用调查问卷不一定具备效度，因此在信度分析的基础上，要使用 SPSS 对其再作效度分析。效度分析使用的是因子分析模型，在运用因子模型分析之前，首先要对问卷调查数据进行因子模型适应性分析，分析结果如表 2.5 所示。

表 2.5　学生用调查问卷 KMO 和 Bartlett 的检验

KMO 和 Bartlett 的检验		
取样足够度的 Kaiser-Meyer-Olkin 度量		0.946
Bartlett 的球形度检验	近似卡方	3215.836
	df	21
	Sig.	0.000

由表 2.5 的数据可知，学生问卷数据的 KMO 值为 0.946，并且通过了显著性水平为 0.05 的巴特利特（Bartlett）的球形度检验，说明问卷调查的数据非常适合做因子分析。接下来，我们对其进行因子分析，其结果如表 2.6 所示。

表 2.6　学生用调查问卷公因子方差

	初始	提取
Q1 中华优秀传统文化教育是否应该融入高职通识教育课程体系	1.000	0.622
Q2 对中华优秀传统文化教育融入通识教育课程的体验	1.000	0.651
Q3 学过的通识课程中教师是否讲到中华优秀传统文化	1.000	0.512
Q4 学校在相关课程中是否应该进行中华优秀传统文化教育	1.000	0.692
Q6 在中华优秀传统文化课程外的其他课程中教师涉及中华优秀传统文化教育的程度	1.000	0.523
Q8 学生最喜欢的中华优秀传统文化教育的形式	1.000	0.197
Q10 教师讲授的中华优秀传统文化内容与其所教授课程内容的关联度	1.000	0.633
Q11 对教师在通识教育课程中融入中华优秀传统文化教育的满意度	1.000	0.716
提取方法：主成分分析。		

（续表）

解释的总方差						
成分	初始特征值			提取平方和载入		
	合计	方差的 %	累积 %	合计	方差的 %	累积 %
1	3.189	39.863	39.863	3.189	39.863	39.863
2	1.357	16.961	56.825	1.357	16.961	56.825
3	0.867	10.844	67.668			
4	0.722	9.026	76.695			
5	0.613	7.667	84.362			
6	0.432	5.406	89.768			
7	0.411	5.141	94.909			
8	0.407	5.091	100.000			
提取方法：主成分分析。						

根据表 2.6 可以知道，学生用调查问卷中具备信度的 8 个问题一共可以提取 2 个主成分，这 2 个主因子解释的方差占到了 56.825%，由此我们可以认为，这次提取的 2 个公因子在充分提取和解释原变量的信息方面比较理想。根据表 2.6，这 2 个主要成分分别是：对教师在通识教育课程中融入中华优秀传统文化教育的满意度、学校在相关课程中是否应该进行中华优秀传统文化教育。这 2 个主要组成要素的解释方差占到了 56.825%。也就是说在 8 个单选问题中，这 2 个问题高职院校的学生比较看重。

（三）调查问卷多选题的多重响应分析

1. 对教师用调查问卷多选题的多重响应分析

对回收的 133 份教师用调查问卷的 4 道多选题目，即题目 2、题目 5、题目 6、题目 9，我们将其分别标识为 Q2、Q5、Q6、Q9，并对其进行多重响应分析，分析结果如表 2.7、表 2.8、表 2.9、表 2.10 和表 2.11 所示。SPSS 多重响应分析主要是针对多选题设计的，包括频数分析和交叉分析两部分，可以得出多个选项各自的频数以及各选项和其他变量之间的关系。

问题 2. 学校已经有专门的中华优秀传统文化教育课程，再把中华优秀传统文化教育融入高职通识教育课程体系是否有必要？［多选题］

A. 是落实立德树人根本任务的要求

B. 是一项必须要担起的政治任务

C. 有必要，是增强文化自信的内在诉求

D. 没有必要

问题 5. 如何把中华优秀传统文化教育有效融入高职通识教育课程体系：［多选题］

A. 学校要做好顶层设计　　B. 建强教师队伍

C. 建成一批示范课　　D. 推出一批优质教学资源

E. 选树一批示范校　　F. 评选一批教学名师

问题 6. 如何挖掘通识教育课程中蕴含的中华优秀传统文化教育元素：［多选题］

A. 挖掘与教学内容相关的人文精神、价值理念、道德规范、人物故事、历史文化等

B. 所挖掘的中华优秀传统文化教育素材要自然融入具体的教学内容、教学进程中

C. 可以单独设置一个中华优秀传统文化教育时段

D. 结合教学内容、学生实际，讲好中国历史故事

问题9.在您所担任的专业或通识课教学中，最常进行以下哪方面的教育：[多选题]

A.人文精神　B.价值观　C.道德规范　D.家国情怀

E.物事民俗　F.思想典籍　G.其他_____

表2.7　Q2、Q5、Q6和Q9的多重响应频率分析–个案摘要

	个案					
	有效的		缺失		总计	
	N	百分比	N	百分比	N	百分比
Q2中华优秀传统文化教育融入高职通识教育课程体系必要性[a]	133	100.0%	0	0.0%	133	100.0%
Q5中华优秀传统文化教育融入高职通识教育课程体系的措施[a]	133	100.0%	0	0.0%	133	100.0%
Q6挖掘中华优秀传统文化教育元素素材[a]	133	100.0%	0	0.0%	133	100.0%
Q9教师教授课程中融入了何种中华优秀传统文化教育[a]	133	100.0%	0	0.0%	133	100.0%
a.值为1时制表的二分组。						

表2.8　Q2中华优秀传统文化教育融入高职通识教育课程体系必要性–频率

		响应		个案百分比
		N	百分比	
Q2中华优秀传统文化教育融入高职通识教育课程体系必要性[a]	Q2中华优秀传统文化教育融入高职通识教育课程体系必要性之落实立德树人根本任务的要求（A）	98	36.8%	73.7%
	Q2中华优秀传统文化教育融入高职通识教育课程体系必要性之必须要担起的政治任务（B）	62	23.3%	46.6%
	Q2中华优秀传统文化教育融入高职通识教育课程体系必要性之增强文化自信的内在诉求（C）	101	38.0%	75.9%
	Q2中华优秀传统文化教育融入高职通识教育课程体系必要性之没有必要性（D）	5	1.9%	3.8%
总计		266	100.0%	200.0%
a.值为1时制表的二分组。				

对于“Q2 中华优秀传统文化教育融入高职通识教育课程体系必要性”，个案百分比、响应百分比最高的选项是“C. 有必要，是增强文化自信的内在诉求”，其次是“A. 是落实立德树人根本任务的要求”，接受问卷调查的教师认为，之所以把中华优秀传统文化教育融入高职通识教育课程体系，最主要的原因在于其是增强文化自信的内在诉求、是落实立德树人根本任务的要求，而增强文化自信、落实立德树人根本任务，是为党为国培育高素质技术技能人才的关键所在。

表 2.9　Q5 中华优秀传统文化教育融入高职通识教育课程体系的措施 – 频率

		响应		个案百分比
		N	百分比	
Q5 中华优秀传统文化教育融入高职通识教育课程体系的措施[a]	Q5 中华优秀传统文化教育融入高职通识教育课程体系的措施之学校要做好顶层设计（A）	116	24.2%	87.2%
	Q5 中华优秀传统文化教育融入高职通识教育课程体系的措施之建强教师队伍（B）	90	18.8%	67.7%
	Q5 中华优秀传统文化教育融入高职通识教育课程体系的措施之建成一批示范课（C）	80	16.7%	60.2%
	Q5 中华优秀传统文化教育融入高职通识教育课程体系措施之推出一批优质教学资源（D）	91	19.0%	68.4%
	Q5 中华优秀传统文化教育融入高职通识教育课程体系的措施之选树一批示范校（E）	49	10.2%	36.8%
	Q5 中华优秀传统文化教育融入高职通识教育课程体系的措施之评选一批教学名师（F）	53	11.1%	39.8%
总计		479	100.0%	360.1%

a. 值为 1 时制表的二分组。

对于“Q5 中华优秀传统文化教育融入高职通识教育课程体系的措施”，个案百分比、响应百分比最高的选项是“A. 学校要做好顶层设计”，这表明在教师看来，做好顶层设计是中华优秀传统文化教育融入高职通识教育课程体系的最重要措施。个案百分比、响应百分比均为第二位的选项是“D. 推出一批优质教学资源”，而个案百分比、响应百分比均为第三位的选项是“B. 建强教师队伍”，这表明，多数教师认为推出一批优质教学资源、建强教师队伍是中华优秀传统文化教育融入高职通识教育课程体系的重要举措，要予以高度重视。

表 2.10 Q6 如何挖掘通识教育课程中蕴含的中华优秀传统文化教育元素 – 频率

		响应		个案百分比
		N	百分比	
Q6 如何挖掘通识教育课程中蕴含的中华优秀传统文化教育元素[a]	Q6 如何挖掘通识教育课程中蕴含的中华优秀传统文化教育元素之挖掘与教学内容相关的人文精神、价值理念、道德规范、人物故事、历史文化等（A）	115	33.0%	86.5%
	Q6 如何挖掘通识教育课程中蕴含的中华优秀传统文化教育元素之所挖掘的优秀传统文化教育素材要自然融入教学内容、教学进程中（B）	106	30.5%	79.7%
	Q6 如何挖掘通识教育课程中蕴含的中华优秀传统文化教育元素之可以单独设置一个中华优秀传统文化教育时段（C）	51	14.7%	38.3%
	Q6 如何挖掘通识教育课程中蕴含的中华优秀传统文化教育元素之结合教学内容、学生实际，讲好中国历史故事（D）	76	21.8%	57.1%
总计		348	100.0%	261.6%

a. 值为 1 时制表的二分组。

对于“Q6 如何挖掘通识教育课程中蕴含的中华优秀传统文化教育元素”，个案百分比、响应百分比最高的选项是“A. 挖掘与教学内容相关的人文精神、价值理念、道德规范、人物故事、历史文化等”，表明接受问卷调查的教师认为，最应该挖掘的是与教学内容相关的人文精神、价值理念、道德规范、人物故事、历史文化等。

表 2.11 Q9 在教师所担任的专业课或通识课教学中最常进行哪方面的教育－频率

		响应		个案百分比
		N	百分比	
Q9 在教师所担任的专业课或通识课教学中最常进行哪方面的教育[a]	Q9 在教师所担任的专业课或通识课教学中最常进行哪方面的教育之人文精神（A）	112	20.7%	84.2%
	Q9 在教师所担任的专业课或通识课教学中最常进行哪方面的教育之价值观（B）	106	19.6%	79.7%
	Q9 在教师所担任的专业课或通识课教学中最常进行哪方面的教育之道德规范（C）	99	18.3%	74.4%
	Q9 在教师所担任的专业课或通识课教学中最常进行哪方面的教育之家国情怀（D）	107	19.8%	80.5%
	Q9 在教师所担任的专业课或通识课教学中最常进行哪方面的教育之物事民俗（E）	60	11.1%	45.1%
	Q9 在教师所担任的专业课或通识课教学中最常进行哪方面的教育之思想典籍（F）	55	10.2%	41.4%
	Q9 在教师所担任的专业课或通识课教学中最常进行哪方面的教育之其他（G）	1	0.2%	0.8%
总计		540	100.0%	406.1%

a. 值为 1 时制表的二分组。

对于“Q9 在教师所担任的专业课或通识课教学中最常进行哪方面的教育”，个案百分比、响应百分比最高的选项是“A. 人文精神”，表明在专业或通识教育课程教学中，人文精神教育是教师最常进行的教育。

2. 对学生用调查问卷多选题的多重响应分析

对回收的 1900 份学生用调查问卷的 4 道多选题目，即题目 5、题目 7、题目 9、题目 12，我们将其分别标识为 Q5、Q7、Q9、Q12，并对其进行多重响应分析，分析结果如表 2.12、表 2.13、表 2.14、表 2.15 和表 2.16 所示。

5. 根据你的了解，学校是怎样开展中华优秀传统文化教育的？［多选题］

A. 上中华优秀传统文化课

B. 中华优秀传统文化内容自然融入其他课程中

C. 学校组织中华优秀传统文化教育校内活动

D. 参加校外相关活动

E. 其他______

7. 你喜欢在通识教育课程中融入中华优秀传统文化哪些内容？[多选题]

A. 民风民俗　　B. 民间艺术　　C. 中华地理

D. 汉字汉语　　E. 文学艺术　　F. 地域文化

G. 中国建筑　　H. 诸子百家　　I. 中医美食

J. 其他______

9. 在进行中华优秀传统文化教育时，你的教师曾使用过？[多选题]

A. 文档材料　　B. 图片

C. 视频　　　　D.VR/AR 作品

E. 异地线上同步赏析　　　F. 其他______

12. 你认为中华优秀传统文化：[多选题]

A. 是增强文化自信的营养剂

B. 让我们由衷感到骄傲

C. 丰富多彩

D. 博大精深

E. 具有重要育人价值

F. 要推动中华优秀传统文化创造性转化、创新性发展

表 2.12　Q5、Q7、Q9 和 Q12 的多重响应频率分析 – 个案摘要

	个案					
	有效的		缺失		总计	
	N	百分比	N	百分比	N	百分比
Q5 学校怎样开展中华优秀传统文化教育[a]	1900	100.0%	0	0.0%	1900	100.0%
Q7 学生喜欢在通识教育课程中融入中华优秀传统文化哪些内容[a]	1898	99.9%	2	0.1%	1900	100.0%
Q9 在进行中华优秀传统文化教育时，你的教师曾使用过[a]	1876	98.7%	24	1.3%	1900	100.0%
Q12 你认为中华优秀传统文化[a]	1874	98.6%	26	1.4%	1900	100.0%
a. 值为 1 时制表的二分组。						

表 2.13　Q5 学校怎样开展中华优秀传统文化教育 – 频率

		响应		个案百分比
		N	百分比	
Q5 学校怎样开展中华优秀传统文化教育[a]	Q5 学校怎样开展中华优秀传统文化教育之上中华优秀传统文化课（A）	1318	69.4%	28.7%
	Q5 学校怎样开展中华优秀传统文化教育之中华优秀传统文化内容自然融入其他课程中（B）	1233	64.9%	26.9%
	Q5 学校怎样开展中华优秀传统文化教育之学校组织中华优秀传统文化教育校内活动（C）	1150	60.5%	25.0%
	Q5 学校怎样开展中华优秀传统文化教育之参加校外相关活动（D）	809	42.6%	17.6%
	Q5 学校怎样开展中华优秀传统文化教育之其他（E）	82	4.3%	1.8%
总计		4592	241.7%	100.0%
a. 值为 1 时制表的二分组。				

对于“Q5 学校怎样开展中华优秀传统文化教育”，个案百分比、响应百分比最高的选项是“A. 上中华优秀传统文化课”，其次是“B. 中华优秀传统文化内容自然融入其他课程中”，这说明高职院校对学生进行中华优秀传统文化教育的主要方式是开设中华优

秀传统文化课、将中华优秀传统文化教育自然融入其他课程中。

表 2.14　Q7 学生喜欢在通识教育课中融入哪些中华优秀传统文化内容 – 频率

		响应		个案百分比
		N	百分比	
Q7 学生喜欢在通识教育课程中融入哪些中华优秀传统文化内容[a]	Q7 学生喜欢在通识教育课程中融入哪些中华优秀传统文化内容之民风民俗（A）	1546	15.9%	81.5%
	Q7 学生喜欢在通识教育课程中融入哪些中华优秀传统文化内容之民间艺术（B）	1330	13.7%	70.1%
	Q7 学生喜欢在通识教育课程中融入哪些中华优秀传统文化内容之中华地理（C）	879	9.1%	46.3%
	Q7 学生喜欢在通识教育课程中融入哪些中华优秀传统文化内容之汉字汉语（D）	930	9.6%	49.0%
	Q7 学生喜欢在通识教育课程中融入哪些中华优秀传统文化内容之文学艺术（E）	1114	11.5%	58.7%
	Q7 学生喜欢在通识教育课程中融入哪些中华优秀传统文化内容之地域文化（F）	977	10.1%	51.5%
	Q7 学生喜欢在通识教育课程中融入哪些中华优秀传统文化内容之中国建筑（G）	955	9.8%	50.3%
	Q7 学生喜欢在通识教育课程中融入哪些中华优秀传统文化内容之诸子百家（H）	735	7.6%	38.7%
	Q7 学生喜欢在通识教育课程中融入哪些中华优秀传统文化内容之中医美食（I）	1178	12.1%	62.1%
	Q7 学生喜欢在通识教育课程中融入哪些中华优秀传统文化内容之其他（J）	59	0.6%	3.1%
总计		9703	100.0%	511.3%

a. 值为 1 时制表的二分组。

对于“Q7 学生喜欢在通识教育课程中融入哪些中华优秀传统文化内容”，个案百分比、响应百分比最高的选项是“A. 民风民俗”，其次是“B. 民间艺术”，这表明高职院校学生对中华优秀传统文化中的民风民俗、民间艺术内容很感兴趣，教师应尽力满足学生学习渴望和成长发展需要。

表 2.15　Q9 在进行中华优秀传统文化教育时，教师曾使用过的资源形式－频率

		响应		个案百分比
		N	百分比	
Q9 在进行中华优秀传统文化教育时，教师曾使用过的资源形式[a]	Q9 在进行中华优秀传统文化教育时，教师曾使用过的资源形式之文档材料（A）	1404	30.6%	74.8%
	Q9 在进行中华优秀传统文化教育时，教师曾使用过的资源形式之图片（B）	1212	26.5%	64.6%
	Q9 在进行中华优秀传统文化教育时，教师曾使用过的资源形式之视频（C）	1240	27.1%	66.1%
	Q9 在进行中华优秀传统文化教育时，教师曾使用过的资源形式之 VR/AR 作品（D）	400	8.7%	21.3%
	Q9 在进行中华优秀传统文化教育时，教师曾使用过的资源形式之异地线上同步赏析（E）	271	5.9%	14.4%
	Q9 在进行中华优秀传统文化教育时，教师曾使用过的资源形式之其他（F）	55	1.2%	2.9%
总计		4582	100.0%	244.1%

a. 值为 1 时制表的二分组。

对于“Q9 在进行中华优秀传统文化教育时，教师曾使用过的资源形式”，个案百分比、响应百分比按由高到低排序，排在前三位的分别是文档材料、视频、图片，这表明教师在课程教学过程中，对学生进行中华优秀传统文化教育时，最常使用文档材料、视频、图片等形式的中华优秀传统文化教育资源。

表 2.16　Q12 中华优秀传统文化在学生心中的价值地位 – 频率

		响应		个案百分比
		N	百分比	
Q12 中华优秀传统文化在学生心中的价值地位[a]	Q12 中华优秀传统文化在学生心中的价值地位之增强文化自信的营养剂（A）	1578	21.3%	84.2%
	Q12 中华优秀传统文化在学生心中的价值地位之让学生由衷感到骄傲（B）	1219	16.5%	65.0%
	Q12 中华优秀传统文化在学生心中的价值地位之丰富多彩（C）	1278	17.3%	68.2%
	Q12 中华优秀传统文化在学生心中的价值地位之博大精深（D）	1216	16.4%	64.9%
	Q12 中华优秀传统文化在学生心中的价值地位之具有重要育人价值（E）	1051	14.2%	56.1%
	Q12 中华优秀传统文化在学生心中的价值地位之要推动传统文化创造性转化和创造性发展（F）	1064	14.4%	56.8%
总计		7406	100.0%	395.2%

a. 值为 1 时制表的二分组。

对于“Q12 中华优秀传统文化在学生心中的价值地位”，个案百分比、响应百分比按由高到低排序，排在前四位的分别是“A. 增强文化自信的营养剂”“B. 让我们由衷感到骄傲”“C. 丰富多彩”“D. 博大精深”。这表明高职生认为中华优秀传统文化是增强文化自信的营养剂，为博大精深、丰富多彩的中华优秀传统文化由衷地感到骄傲。

（四）调查问卷的回归分析

1. 教师用调查问卷的回归分析

对回收的 133 份教师调查问卷单选问题 1、问题 3—4、问题 7—8、问题 10—12 进行回归分析。问题 2、问题 5—6、问题 9 以及主观题问题 13 因多选题、主观题不是量表，所以不能进行回归分析，但可以采用其他分析方式进行分析，如描述性统计分析等。

我们选定“Q4 中华优秀传统文化教育融入高职通识教育课程体系面临的最主要问题”作为因变量 y，“Q1 中华优秀传统文化教育融入高职课程是否是指把其他课程建设成新的课程”“Q3 学校是否把中华优秀传统文化教育融入通识教育课程体系”“Q7 中华优秀传统文化教育融入通识教育课程的最佳措施”“Q8 教师教授的课程是否融入了中华优秀传统文化元素”“Q10 中华优秀传统文化融入通识教育课程体系的最优形式”“Q11 所教授的课程中选取资源最常用的方式”“Q12 学校对中华优秀传统文化融入通识教育课程评价情况”作为自变量 x_1、x_2、x_3、x_4、x_5、x_6、x_7，借助 SPSS 软件进行回归分析，对数据进行 Anova 的 F 检验，如表 2.17 所示，Sig.=0.000<0.005，说明调查问卷的内在一致性是合理的，数据是有效且可靠的。

表 2.17　教师用调查问卷回归分析的 Anova

Anova[b]						
模型		平方和	df	均方	F	Sig.
1	回归	19.681	7	2.812	194.8	0.000[a]
	残差	180.425	125	1.443		
	总计	200.105	132			

a. 预测变量：Q7 中华优秀传统文化教育融入通识教育课程的最佳措施，Q10 中华优秀传统文化融入通识教育课程体系的最优形式，Q3 学校是否把中华优秀传统文化教育融入通识教育课程体系，Q1 中华优秀传统文化教育融入高职课程是否是指把其他课程建设成新的课程，Q8 教师教授的课程是否融入了中华优秀传统文化元素，Q11 所教授的课程中选取资源最常用的方式，Q12 学校对中华优秀传统文化融入通识教育课程评价情况。
b. 因变量：Q4 中华优秀传统文化教育融入高职通识教育课程体系面临的最主要问题。

（续表）

教师用调查问卷数据相关系数[a]检验						
模型		非标准化系数		标准系数	T	Sig.
		B	标准误差	试用版		
1	（常量）	2.759	0.465		5.938	0.000
	Q1 中华优秀传统文化教育融入高职课程是否是指把其他课程建设成新的课程	−0.256	0.188	−0.127	−1.362	0.175
	Q3 学校是否把中华优秀传统文化教育融入通识教育课程	−0.023	0.126	−0.017	−0.181	0.856
	Q8 教师担任的课程是否融入了中华优秀传统文化元素	0.025	0.151	0.015	0.167	0.867
	Q10 中华优秀传统文化融入通识教育课程体系的最优形式	0.097	0.086	0.099	1.130	0.261
	Q11 所教授的课程中选取资源最常用的方式	0.158	0.126	0.117	1.250	0.214
	Q12 学校对中华优秀传统文化融入通识教育课程评价情况	−0.180	0.095	−0.183	−1.891	0.061
	Q7 中华优秀传统文化教育融入通识教育课程的最佳措施	0.200	0.119	0.146	1.679	0.096
a. 因变量：Q4 中华优秀传统文化教育融入高职通识教育课程体系面临的最主要问题。						

通过 SPSS 回归分析，我们找到下述多元回归方程。通过回归分析，我们找到了调查问卷的因变量和自变量之间的关系：

$$y=2.759-0.256x_1-0.023x_2+0.025x_3+0.097x_4+0.158x_5-0.180x_6+0.200x_7$$

通过回归方程和回归分析，我们知道 Sig.=0.000<0.005，F=194.8<250，说明回归系数检验显著，回归系数的绝对值显著大于 0，说明回归系数精度较高，自变量与因变量之间存在相关。由回归结果可以看出，“Q1 中华优秀传统文化教育融入高职课程是否是指把其他课程建设成新的课程”“Q3 学校是否把中华优秀传统文化教育融入通识教育课程”“Q7 中华优秀传统文化教育融

入通识教育课程的最佳措施”“Q8 教师教授的课程是否融入了中华优秀传统文化元素”“Q10 中华优秀传统文化融入通识教育课程体系的最优形式”“Q11 所教授的课程中选取资源最常用的方式”“Q12 学校对中华优秀传统文化融入通识教育课程评价情况”评价显示，自变量对因变量产生显著影响。

2. 学生用调查问卷的回归分析

对回收的 1900 份学生用调查问卷单选问题 1—4、问题 6、问题 8、问题 10—11 进行回归分析，问题 5、问题 7、问题 9、问题 12 因多选题不是量表，所以不能做回归分析。

我们选定“Q1 中华优秀传统文化教育是否应该融入高职通识教育课程体系”作为因变量 y，“Q2 对中华优秀传统文化教育融入通识教育课程的体验”“Q3 学过的通识课程中教师是否教授中华优秀传统文化”“Q4 学校开设课程中是否应该进行中华优秀传统文化教育”“Q6 在中华优秀传统文化课程之外的其他课程中教师涉及中华优秀传统文化的程度”“Q8 学生最喜欢的中华优秀传统文化教育的形式”“Q10 教师所讲中华优秀传统文化内容与其所教授课程的关联度”“Q11 对教师在通识教育课程中融入中华优秀传统文化教育的满意度”作为自变量 x_1、x_2、x_3、x_4、x_5、x_6、x_7，借助 SPSS 软件进行回归分析，对数据进行 Anova 的 F 检验，如表 2.18 所示，Sig.=0.000<0.005，说明调查问卷的内在一致性是合理的，数据是有效的。

表 2.18 学生用调查问卷回归分析的 Anova

Anova[b]						
模型		平方和	df	均方	F	Sig.
1	回归	202.382	7	28.912	169.727	0.000[a]
	残差	322.289	1892	0.170		
	总计	524.671	1899			

a. 预测变量：Q11 对教师在通识教育课程中融入中华优秀传统文化教育的满意度，Q8 学生最喜欢的中华优秀传统文化教育的形式，Q4 学校开设课程中是否应该进行中华优秀传统文化教育，Q6 在中华优秀传统文化课程之外的其他课程中教师涉及中华优秀传统文化的程度，Q2 对中华优秀传统文化教育融入通识教育课程的体验，Q10 教师所讲中华优秀传统文化内容与其所教授课程的关联度，Q3 学过的通识课程中教师是否教授中华优秀传统文化。
b. 因变量：Q1 中华优秀传统文化教育是否应该融入高职通识教育课程体系。

学生用调查问卷数据相关系数[a]检验						
模型		非标准化系数		标准系数	T	Sig.
		B	标准误差	试用版		
1	（常量）	0.447	0.031		14.246	0.000
	Q2 对中华优秀传统文化教育融入通识教育课程的体验	0.228	0.013	0.384	17.379	0.000
	Q3 学过的通识课程中教师是否教授中华优秀传统文化	0.020	0.017	0.026	1.153	0.249
	Q4 学校开设课程中是否应该进行中华优秀传统文化教育	0.251	0.021	0.281	12.050	0.000
	Q6 在中华优秀传统文化课程之外的其他课程中教师涉及中华优秀传统文化的程度	0.000	0.015	0.000	−0.017	0.986
	Q8 学生最喜欢的中华优秀传统文化教育的形式	0.011	0.008	0.026	1.350	0.177
	Q10 教师所讲的中华优秀传统文化内容与其所教授课程内容的关联度	0.013	0.015	0.019	0.858	0.391
	Q11 对教师在通识教育课程中融入中华优秀传统文化教育的满意度	0.021	0.017	0.030	1.290	0.197

a. 因变量：Q1 中华优秀传统文化教育是否应该融入高职通识教育课程体系。

通过 SPSS 回归分析，我们找到下述多元回归方程。通过回归分析，我们找到了调查问卷的因变量和自变量之间的关系：

$$y=0.447+0.228x_1+0.020x_2+0.251x_3+0.000x_4+0.011x_5+0.013x_6+0.021x_7$$

通过回归方程和回归分析，我们知道 Sig.=0.000<0.005，F=169.727<250，说明该模型显著性和拟合程度差，该模型不存在一阶自相关。对二阶序列相关进行类似检验，结果一样，说明该模型不存在序列相关。进行偏相关系数检验，发现样本点都落在了区间内，证明模型不存在高阶自相关。由回归结果可以看出，“Q2 对中华优秀传统文化教育融入通识教育课程的体验”“Q3 学过的通识课程中教师是否教授中华优秀传统文化”“Q4 学校开设课程中是否应该进行中华优秀传统文化教育”“Q6 在中华优秀传统文化课程之外的其他课程中教师涉及中华优秀传统文化的程度”“Q8 学生最喜欢的中华优秀传统文化教育的形式”“Q10 教师所讲中华优秀传统文化内容与其所教授课程的关联度”“Q11 对教师在通识教育课程中融入中华优秀传统文化教育的满意度”评价显示自变量对因变量具有显著影响。

中华优秀传统文化博大精深，深刻影响着中华民族的思想方式与行为方式。新时代，中华优秀传统文化仍具有重大的时代价值和实践意义。文化自信与中华优秀传统文化之间有着密切的联系，它们相互促进，共同发展。中华优秀传统文化层次丰富，内涵宽广，影响深远，既是培植文化自信的沃土，也是发展中国特色社会主义文化的活水源泉。高职院校是推动宣传思想文化工作高质量发展的重要阵地，肩负有为党育人为国育才的重要使命，高质量推进中华优秀传统文化教育是提升高职生文化自信、提高文化软实力的重要途径，也是推动中华民族现代文明建设的内在逻辑要求。

三、调查统计分析

（一）认识到中华优秀传统文化教育的重要价值，但是对于中华优秀传统文化教育融入课程的理解不到位

如图 2.1 所示，参与答卷的 133 位北京市高职院校通识课教师中，对“您认为中华优秀传统文化教育融入高职课程是指把其他课程建设成为新的中华优秀传统文化教育课程吗”这道单选题，选择“B. 不是”的教师最多，共计 64 人；其次是选择“A. 是”的教师，共计 60 人；选择“C. 不清楚”的教师有 9 人。统计结果显示，有将近半数的教师不认为“中华优秀传统文化教育融入高职课程是指把其他课程建设成新的中华优秀传统文化教育课程”，但也有 60 位教师认为“中华优秀传统文化教育融入高职课程是指把其他课程建设成新的中华优秀传统文化教育课程”，占比 45%。这表明，虽然教师认识到了中华优秀传统文化及开展中华优秀传统文化教育的重要价值，但是对中华优秀传统文化教育融入高职课程的理解不到位，没有准确理解、把握在中华优秀传统文化教育融入高职课程的场域内，中华优秀传统文化教育元素和高职课程的关系。这也同时

说明，对中华优秀传统文化教育融入高职通识教育课程体系进行研究非常有价值。通过本次问卷调查可以帮助我们了解、把握高职通识课教师对中华优秀传统文化教育融入高职通识教育课程的认知状况，为我们采取针对性措施，帮助高职通识课教师厘清中华优秀传统文化教育融入高职通识教育课程体系的内在逻辑等提供支持。

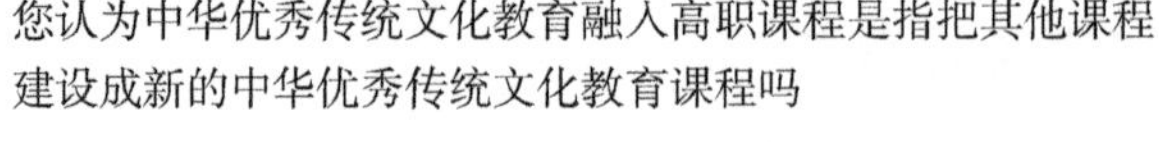

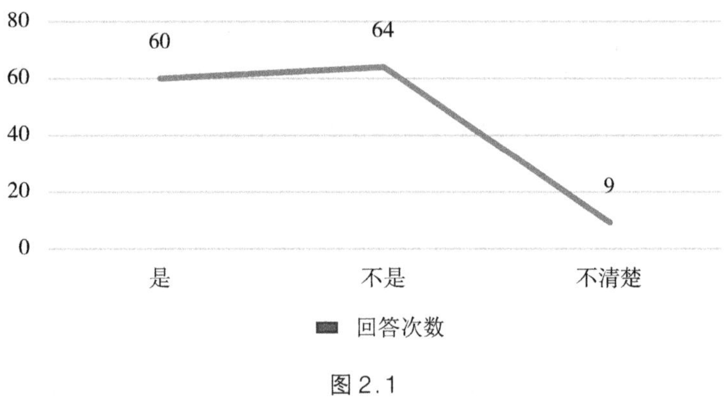

图 2.1

如图 2.2 所示，参与答卷的教师中，对“学校已经有专门的中华优秀传统文化教育课程，再把中华优秀传统文化教育融入高职通识教育课程体系是否有必要”这道多选题，有 101 人选择了“C. 有必要，是增强文化自信的内在诉求”，有 98 人选择了“A. 是落实立德树人根本任务的要求”，有 62 人选择了“B. 是一项必须要担起的政治任务”。从学校各专业人才培养之整体课程设置上来看，学校已有的中华优秀传统文化教育课程一般开设在某一个学期，时间紧、任务重，教师很难把博大精深的中华优秀传统文化或其中的某一个、某几个部分，利用一个学期讲授完整、讲授清楚。

将中华优秀传统文化教育融入高职通识教育课程体系，结合专业、课程特点，有计划、长时程对学生进行中华优秀传统文化教育，对学校人才培养有着重要作用，既是培育师生文化自信的内在诉求，也是落实立德树人根本任务的必然要求，是高职院校必须要完成的政治任务、必须要担起的政治责任。

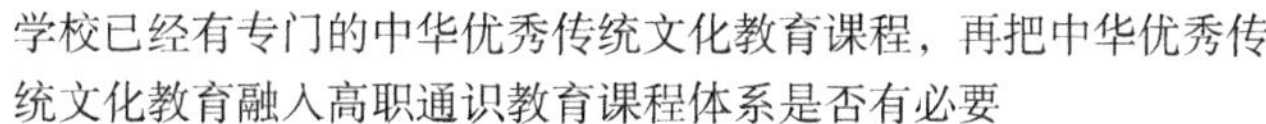

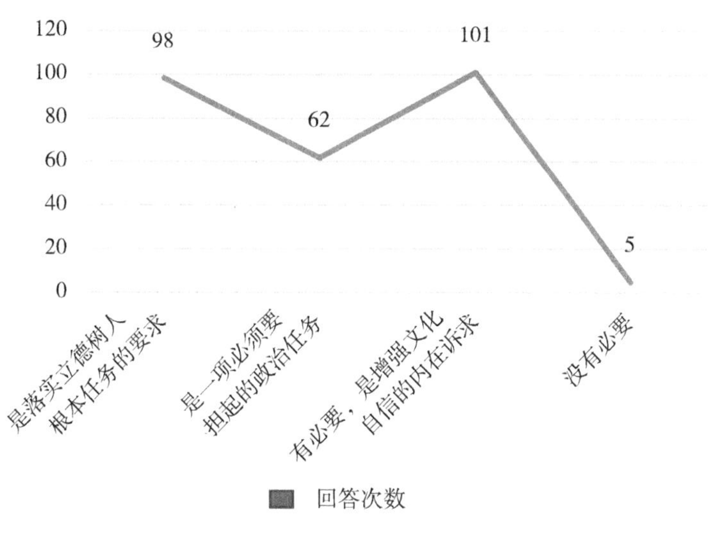

图 2.2

如图 2.3 所示，参与答卷的 1900 位北京市高职院校学生中，对“你认为中华优秀传统文化教育是否应该融入高职通识教育课程体系”这道单选题，选择“A. 应该”的学生最多，共计 1663 人；其次是选择“B. 不应该，开设专门课程即可”的学生，共计 119 人；选择“C. 不清楚”的学生有 118 人。统计结果显示，调查对象中有 88% 的学生认为“中华优秀传统文化教育应该融入高职通识课程体系”，这说明多数学生认识到中华优秀传统文化的重要性，能够传承和弘扬中华优秀传统文化；同时，我们也清楚地看到，选择“B. 不应该，开设专门课程即可”的学生有 119 人，选择“C. 不清楚”的学生有 118 人。也就是说，样本中，对中华优秀传统文化教育融入高职通识教育课程体系的重要性理解不到位者占比 12%，清晰表明在高等职业院校中加强中华优秀传统文化教育迫在眉睫。将中华优秀传统文化教育融入高职通识课程体系是厚植学生人文情怀的重要基础，也是塑造学生自信、优雅、勇毅、乐观、向上的精神气质的重要路径。高等职业院校进行中华优秀传统文化教育，也有利于营造健康向上、创新进取的浓厚氛围，有助于推动校园文化建设，以便为师生提供深沉、持久、有力的动力支持。

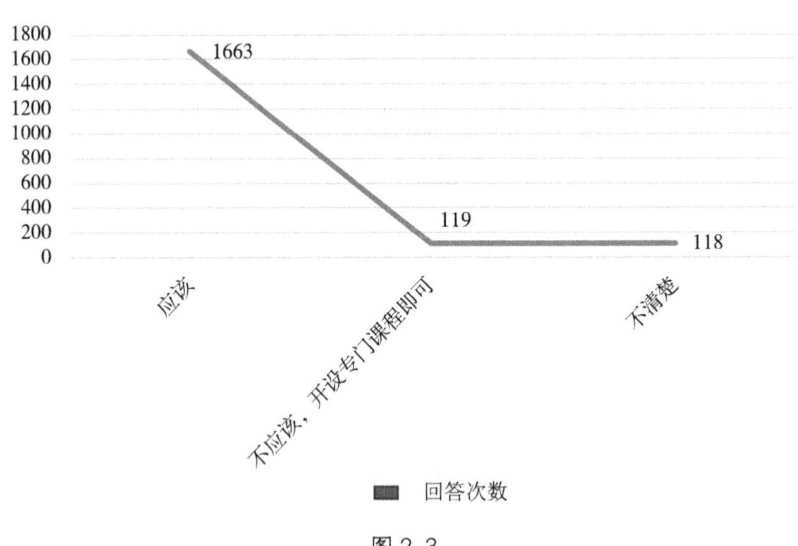

图 2.3

（二）中华优秀传统文化教育融入高职通识教育课程体系取得一定成效，但是在规范化体系化“融入”方面，尚不能满足新时代要求

如图 2.4 所示，参与答卷的教师中，对“您所在的学校把中华优秀传统文化教育融入通识教育课程体系的情况”这道单选题，有 53 位教师选择“A. 全面推进，已取得成效”，占比 40%；有 42 位教师选择“B. 碎片化开展，没有系统规划”，占比 32%；有 30 位教师选择“C. 少部分教师根据自己的理解进行”，占比 23%；有 8 位教师选择“D. 没有整体设计和具体举措”，占比 6%。这说明高职院校基于通识教育课程教学的中华优秀传统文化教育已基本开展并推进了中华优秀传统文化教育融入通识教育课程的规范化体系化建设，将中华优秀传统文化教育纳入学校改革创新方案，深入开展中华优秀传统文化教育。但是能够体系化推进“融入”且取得较好成效的高职院校所占比例不能令人满意；没有顶层设计、中华优秀传统文化教育碎片化融入通识教育课程体系的现象仍大量存在。对“融入”进行体系化规范化设计，统筹推进“融入”，是提升师生中华优秀传统文化素养，进一步提高教书育人水平的重要举措和有效路径，这项工作务必要落实落好。

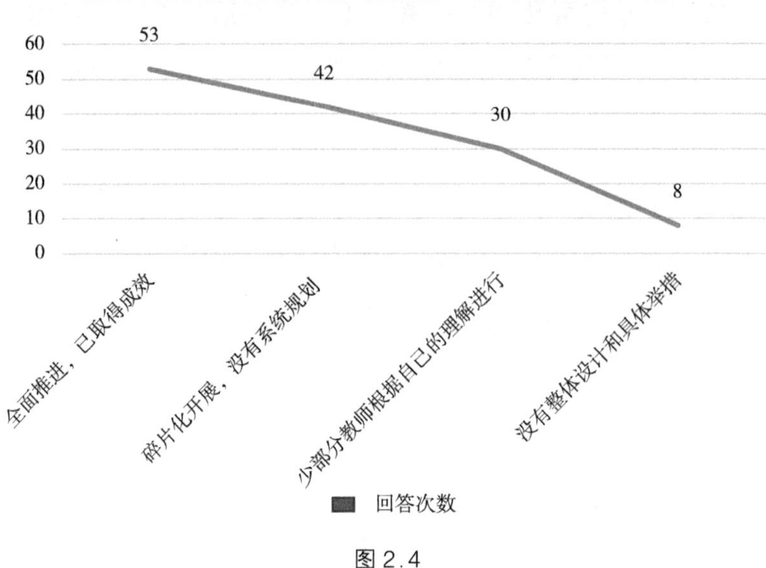

图 2.4

如图 2.5 所示，参与答卷的学生中，对“根据你的了解，学校是怎样开展中华优秀传统文化教育的”这道多选题，有 1318 名学生选择“A. 上中华优秀传统文化课”，有 1233 名学生选择“B. 中华优秀传统文化内容自然融入其他课程中”，有 1150 名学生选择“C. 学校组织中华优秀传统文化教育校内活动”，有 809 名学生选择“D. 参加校外相关活动”，有 82 名学生选择“E. 其他”。更多的学生选择“中华优秀传统文化内容自然融入其他课程中”，就是期望能够通过中华优秀传统文化教育融入高职通识课程体系来满足自己的内在需要。对此，我们应当着眼于社会主义文化强国建设需要，着眼于学生成长发展需要，精心设计，将中华优秀传统文化教育有机融入通识课程教学。在课程教学中要充分调动起学生的主观能动性，坚持以教师为主导、以学生为主体的教学组织原则，结合具体课程教学内容，充分挖掘课程中的中华优秀传统文化教育元素，将中华优秀传统文化内容引入到课程教学中，让学生能够更好地从课程教学中学习、体验到中华优秀传统文化的思想理念、传统美德、人文精神、哲学思想、美学价值等。

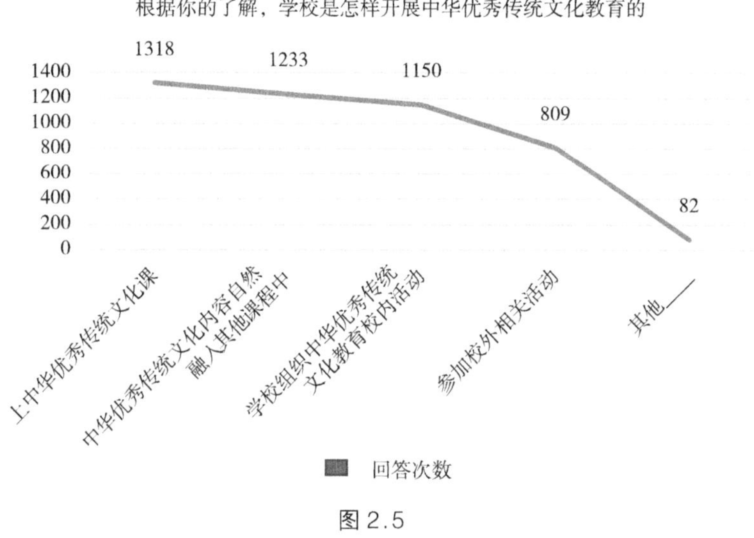

图 2.5

如图 2.6 所示，参与答卷的学生中，对“在中华优秀传统文化课程外的其他课程中教师涉及中华优秀传统文化教育的程度是”这道单选题，有 967 名学生选择“A. 大部分教师涉及了（70% 以上）”，有 711 名学生选择“B. 部分教师涉及了（30%—70%）”，有 170 名学生选择“C. 很少教师涉及（10%—30%）”，有 52 名学生选择“D. 几乎没有教师涉及（10% 以下）”。根据问卷调查统计结果，调查对象所在高职院校中，在专门的中华优秀传统文化课程外的通识课程中，大部分教师都会主动将中华优秀传统文化教育融入通识课程。以恰当的方式，将中华优秀传统文化所蕴含的价值理念、道德规范、人文精神、哲学思想、审美价值等融入课程体系中，较好地促进了学生对中华优秀传统文化的认知感悟、内化践行，有效涵养了其家国情怀。不断提升我们的中华优秀传统文化素养，规范化体系化推进中华优秀传统文化教育融入高职通识教育课程体系工程建设，不断增强师生的文化自觉自信，有效满足新时代社会主义文化强国建设要求，是高职院校教育教学改革创新的重要目标任务。

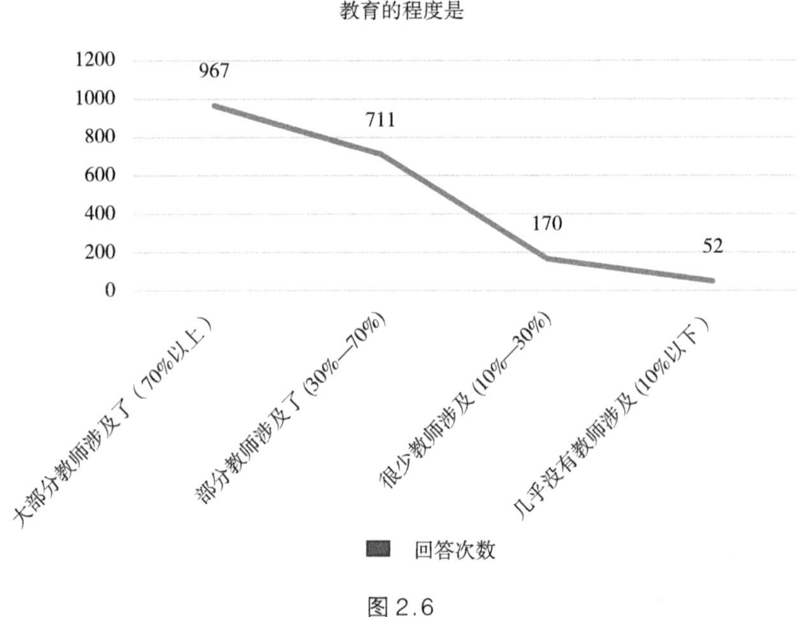

图 2.6

（三）虽然基于高职通识教育课程教学的中华优秀传统文化教育在不断推进，但是任课教师的中华优秀传统文化素养需要不断强化，教学方式方法改革的力度和成效需要进一步提升

如图 2.7 所示，参与答卷的教师中，对“您认为中华优秀传统

文化教育融入高职通识教育课程体系面临的最主要问题是”这道单选题，选择“A. 学校不重视”“B. 认识不足”“C. 教师对中华优秀传统文化把握不够”“D. 教师没经验”“E. 学生没兴趣”的教师分别有 19 人、40 人、44 人、10 人、20 人，其所占比率分别为 14%、30%、33%、8%、15%。

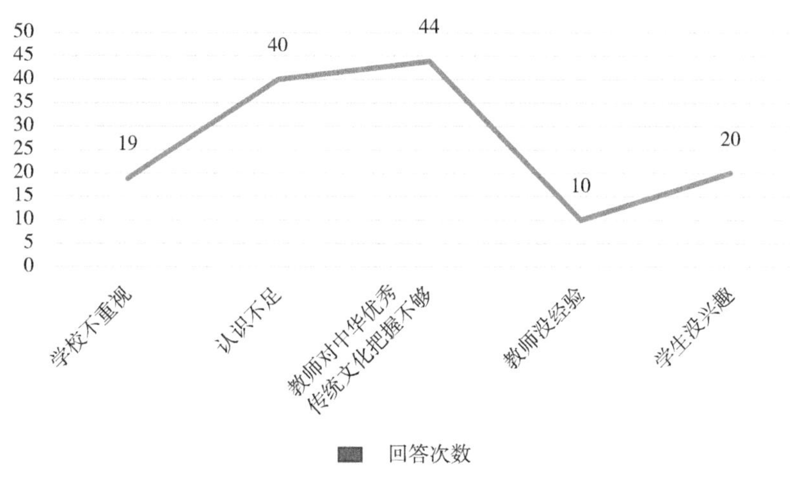

图 2.7

如图 2.8 所示，参与答卷的学生中，对“对教师在通识教育课程中融入中华优秀传统文化教育的满意度”这道单选题，选择“A. 非常满意”“B. 满意”“C. 基本满意”“D. 不满意”的学生分别有 1187 人、467 人、222 人、24 人，其所占比率分别为 62%、25%、12%、1%。

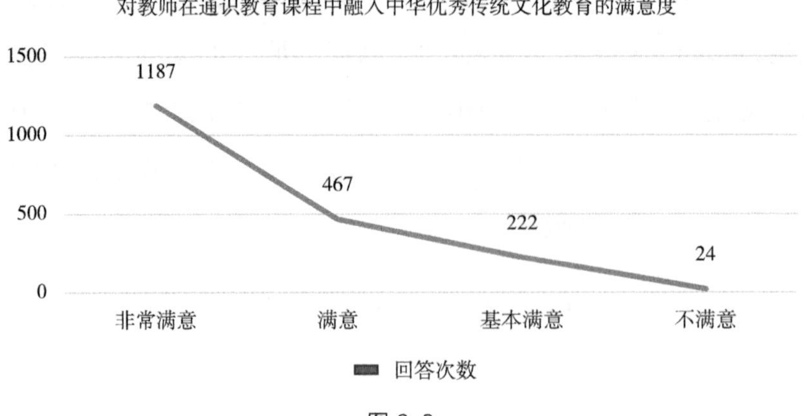

图 2.8

如图 2.9 所示，参与答卷的学生中，对“你认为教师所讲的中华优秀传统文化内容与其所教授课程内容的关联度如何”这道单选题，选择“A. 自然贴切”“B. 关系密切，不够自然”“C. 有些关联，贴切不够”“D. 牵强附会，生搬硬套”的学生分别有 1413 人、246 人、201 人、40 人，其所占比率分别为 74%、13%、11%、2%。

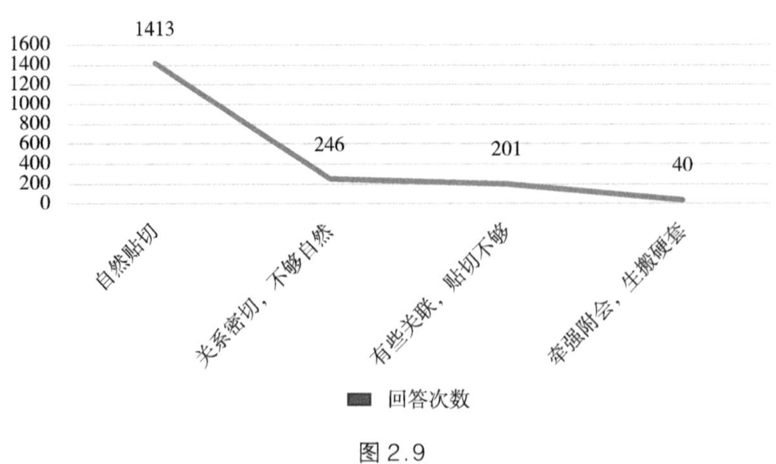

图 2.9

从以上统计结果可以看出，“教师对中华优秀传统文化把握不够”是“中华优秀传统文化教育融入高职通识教育课程体系面临的最主要问题”，任课教师对于中华优秀传统文化教育融入高职通识教育课程体系的价值意义认识不够深入，高职院校教师的中华优秀传统文化素养尚不能充分满足新时代中华优秀传统文化教育的需要。虽然学生对教师在通识教育课程中融入中华优秀传统文化教育的满意度较高，但是仍然有 26% 的接受调查的学生认为在“融入”过程中，教师所讲的中华优秀传统文化内容与其所教授课程内容虽然关系密切，但不够自然，或者有些关联，但贴切不够，或者牵强附会，生搬硬套。对此，要通过师资队伍建设，不断提高教师队伍的中华优秀传统文化素养，将中华优秀传统文化教育有机融入教育教学中；要通过进一步改革课程教学方式方法，激发学生学习兴趣和内生动力，教育引领学生积极学习中华优秀传统文化，从中汲取创新创造的营养。

（四）对中华优秀传统文化教育融入高职通识教育课程体系的核心内容、具体举措与形式等进行了有效探索，取得了较好成效，但是还需要在精准选取、凝炼融入内容，创新融入方式方法方面深耕细作

如图 2.10 所示，参与答卷的教师中，对“如何挖掘通识教育课程中蕴含的中华优秀传统文化教育元素”这道多选题，有 115 名教师选择“A. 挖掘与教学内容相关的人文精神、价值理念、道德规范、人物故事、历史文化等”，有 106 名教师选择“B. 所挖掘的

中华优秀传统文化教育素材要自然融入具体的教学内容、教学进程中”，有 76 名教师选择“D. 结合教学内容、学生实际，讲好中国历史故事”，有 51 名教师选择“C. 可以单独设置一个中华优秀传统文化教育时段”。统计结果表明，大多数教师能够较为准确地理解、把握“融入”的核心内容，能够较好地挖掘课程中的中华优秀传统文化元素，能够将与课程教学内容有着内在逻辑关联的中华优秀传统文化中的核心价值理念、道德规范、人文精神、审美价值、哲学思想等，以适当方式在课程教学中呈现出来，有效教育、感染、引领、激励学生。

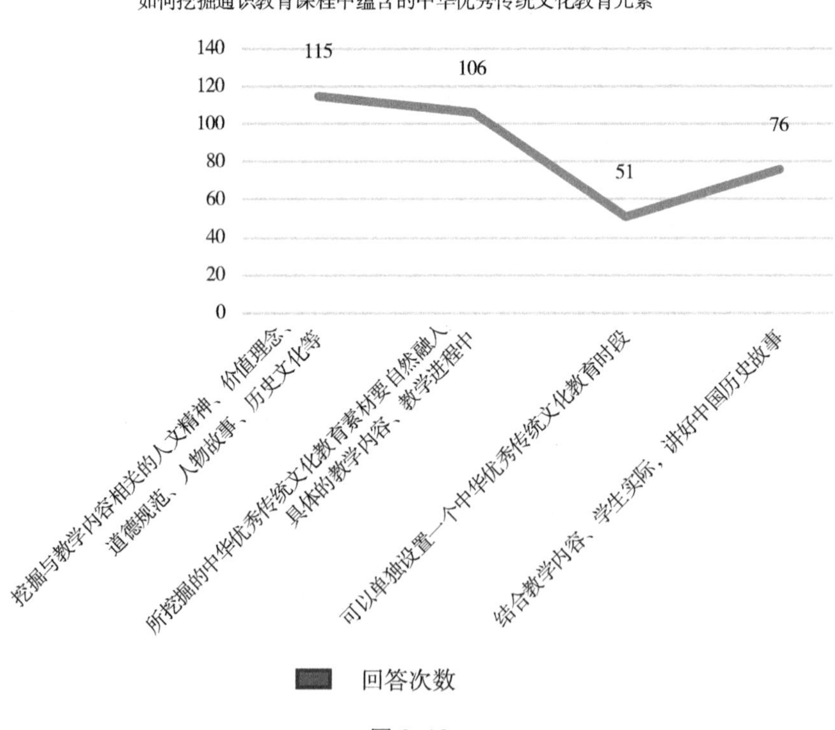

图 2.10

如图 2.11 所示，参与答卷的教师中，对“如何把中华优秀传统文化教育有效融入高职通识教育课程体系”这道多选题，有 116 名教师选择“A. 学校要做好顶层设计”，有 91 名教师选择“D. 推出一批优质教学资源”，有 90 名教师选择“B. 建强教师队伍”，有 80 名教师选择“C. 建成一批示范课”，有 53 名教师选择“F. 评选一批教学名师”，有 49 名教师选择“E. 选树一批示范校”。调查对象对于各融入路径的选择，整体分布比较均匀，但是更多的教师选择了“学校要做好顶层设计”，就是期望学校能有整体的规划方案、制度机制来保障“中华优秀传统文化教育能够融入高职通识教育课程体系”。同时，调查对象认为，推出一批优质教学资源、建强教师队伍、建成一批示范课、评选一批教学名师、选树一批示范校等是推进“融入”的具体而有效的举措。

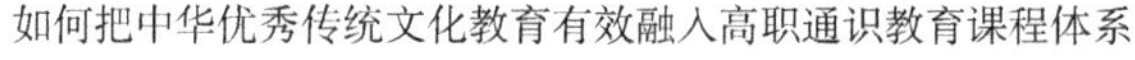

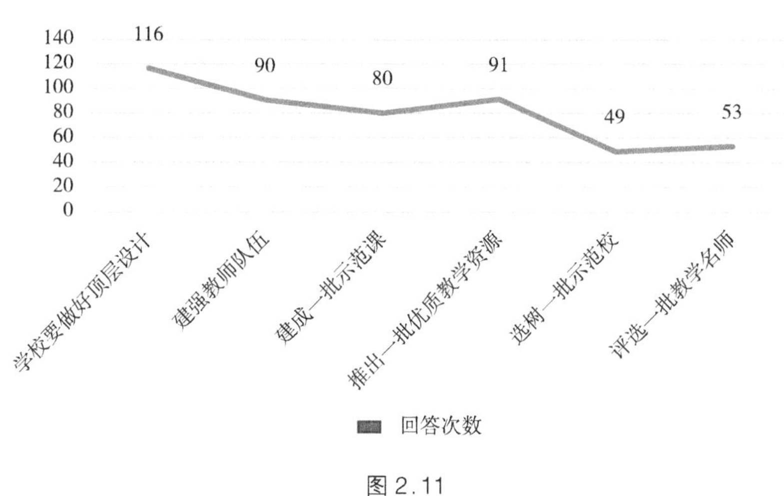

图 2.11

如图 2.12 所示，参与答卷的学生中，对“你最喜欢你们学校中华优秀传统文化教育的哪种形式”这道单选题，有 577 名学生选择“A. 老师讲解”，有 575 名学生选择“B. 播放视频”，有 508 名学生选择“C. 参观访问”，有 138 名学生选择“D. 讨论交流”，有 72 名学生选择“E. 阅读自学”，有 30 名学生选择“F. 其他”，样本中选择 A、B、C、D、E、F 的分别占比 30%、30%、27%、7%、4%、2%。

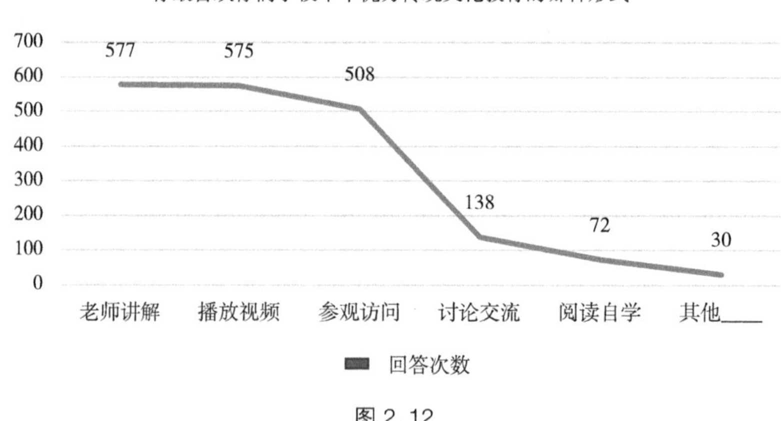

图 2.12

统计数据表明，学生对以教师讲解、播放视频、参观访问等形式进行的中华优秀传统文化教育接受度较高。高职通识教育课程教学中，教师要结合课程教学内容，不断创新、丰富中华优秀传统文化教育的形式，可以充分利用现代信息技术手段，让数字赋能“融入”，激活优秀传统文化的活力，引发学生兴趣。例如，教师可借助多媒体技术手段，将中华优秀传统文化元素以图片、视频、音频、表格、VR/AR 作品等形式在课堂教学中呈现出来，在激发学生学习兴趣的同时，使中华优秀传统文化教育对学生的影响力充分发挥出来。可以充分利用网络教学平台，提升“融入”水平和成效。高职院校可以运用大数据挖掘、人工智能等手段，了解学生的上网习惯、接受偏好，将中华优秀传统文化教育资源以高职生喜闻乐见的方式，通过官微、抖音、B 站等应用平台进行传播，以有效教育、引领学生。

（五）教师能够有效挖掘、利用课程内容中的中华优秀传统文化元素，能够利用不同类型的教学资源进行中华优秀传统文化教育，但是还需不断丰富中华优秀传统文化教学资源的类型、提升教学资源的质量，不断优化资源供给，以更好满足学生的多元需求

如图 2.13 所示，参与答卷的教师中，对“在您所教授的课程中，您选取资源最常用的方式是”这道单选题，选择“B. 自己根据教学需要，经常创造性编辑或制作中华优秀传统文化教育资源”的教师有 50 人，选择“A. 经常从中华优秀传统文化教育资源库中精准抓取所需资源”的教师有 44 人，选择“C. 自己所用中华优秀传统文化教学资源主要有视频、文本案例、VR/AR 作品等”的教师有 30 人。由此我们可以看出，教师在授课时所用教学资源主要是根据教学需要，通过创新性编辑制作或从已有的教育教学资源库中抓取所需资源，所适用的中华优秀传统文化教育资源的类型主要有视频、文本案例、VR/AR 作品等。教师加工制作、选择适用的教学资源，蕴含着教师的深入思考，包纳着教师的智慧，是课程教学的有效助力。与课程教学内容紧密、有机关联的中华优秀传统文化教学资源的有效应用，为涵育师生心性、塑造健全人格，为深度

挖掘中华优秀传统文化的时代价值，推动中华优秀传统文化创造性转化、创新性发展，为有效培育和践行社会主义核心价值观提供了有力支持。

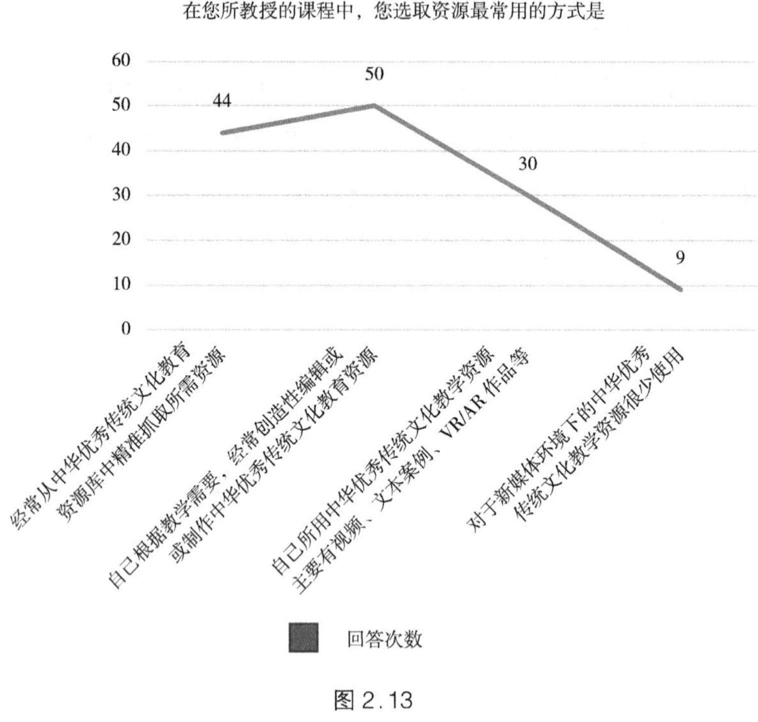

图 2.13

如图 2.14 所示，参与答卷的学生中，对于“你喜欢在通识教育课程中融入中华优秀传统文化哪些内容”这道多选题，有 1546 名学生选择“A. 民风民俗”，有 1330 名学生选择“B. 民间艺术”，有 1178 名学生选择“I. 中医美食”，有 1114 名学生选择“E. 文学艺术”，有 977 名学生选择“F. 地域文化”，有 930 名学生选择“D. 汉字汉语”，有 879 名学生选择“C. 中华地理”，有 735 名学生选择“H. 诸子百家”。从学生的选择中我们可以判断出，学生喜欢中华优秀传统文化，同时学生对中华传统文化内容有很强的选择性、目标性。教育部《完善中华优秀传统文化教育指导纲要》明确指出了中华优秀传统文化教育的主要内容，大学阶段要深入学习中国古代思想文化的重要典籍，理解中华优秀传统文化的精髓，强化学生文化主体意识和文化创新意识；深刻认识中华优秀传统文化是中国特色社会主义植根的沃土，辩证看待中华优秀传统文化的当代价值，正确把握中华优秀传统文化与中国化马克思主义、社会主义核心价值观的关系等。有机关联课程教学内容，类型多样、内涵丰富的高质量的中华优秀传统文化教学资源是“融入”的有效支撑。新时代高职院校教师要进一步增强传承、弘扬中华优秀传统文化的使命感、责任感，通过建设、应用丰富的中华优秀传统文化教育资源，不断优化资源供给，教育、引导学生深入学习中华优秀传统文化中的重要典籍，理解中华优秀传统文化的精髓，正确理解、把握中华优秀传统文化与马克思主义中国化时代化、社会主义核心价值观的关系。

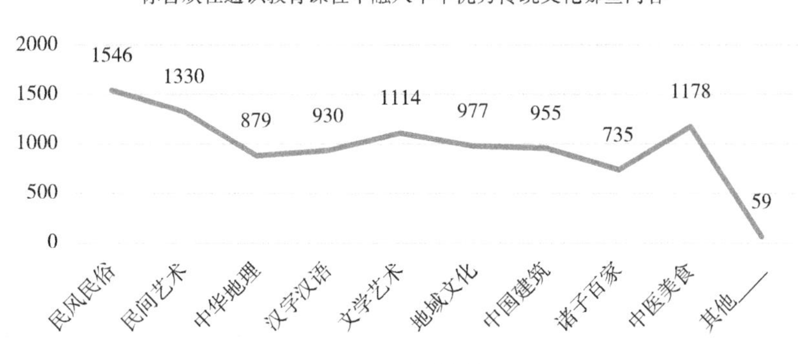

图 2.14

（六）初步构建了中华优秀传统文化教育融入高职通识教育课程评价体系，但是尚不够健全，其规范、引领作用发挥得尚不够充分

如图 2.15 所示，参与答卷的教师中，对“您所在学校对中华优秀传统文化教育融入通识教育课程评价的情况是”这道单选题，选择“B. 制定了评价标准，规范进行评价”的教师有 45 人，选择“C. 无评价标准”的教师有 33 人，选择“A. 制定了评价标准，未规范进行评价”的教师有 20 人，选择“E. 评价标准及评价过程均较为粗放”的教师有 18 人，选择“D. 有评价，但不规范”的教师有 17 人。根据样本数据统计结果，我们可以看出，有 34% 的教师认为自己所在学校已经制定了评价标准，且能够规范进行评价；认为自己所在学校制定了评价标准，但未规范进行评价的占比 15%；认为自己所在学校评价标准及评价过程均较为粗放的占比 14%；有 37% 的教师认为自己所在学校无评价标准或评价不规范。参与答卷的学生中，对“对于在通识教育课程中融入中华优秀传统文化教育，你的建议是”这道主观题，学生的建议是：不要仅仅局限于笔试考核，要进行多角度、多方式、多手段考核。这充分说明，在“融入”评价方面，高职院校做得还不到位，在此方面创新发展的任务还比较艰巨。对于“融入”而言，科学、规范的中华优秀传统文化教育融入通识教育课程评价体系极为重要，其能够有效引领、规范“融入”，能够规范教师和学生更好地参与到“融入”过程中来。在研制、践行评价体系时，要坚持量化评价与质性评价

相结合，坚持过程性评价与结果性评价相结合，要善于运用综合评价，对学生对中华优秀传统文化的学习态度、学习能力、文化素养积淀、情感体验、学习效果、外化情况等进行综合评价；要积极探索增值评价，对于通过学习，学生在中华优秀传统文化素养及应用方面的增量情况进行评价。通过科学、合理、规范的评价促进“融入”水平和成效的提升。

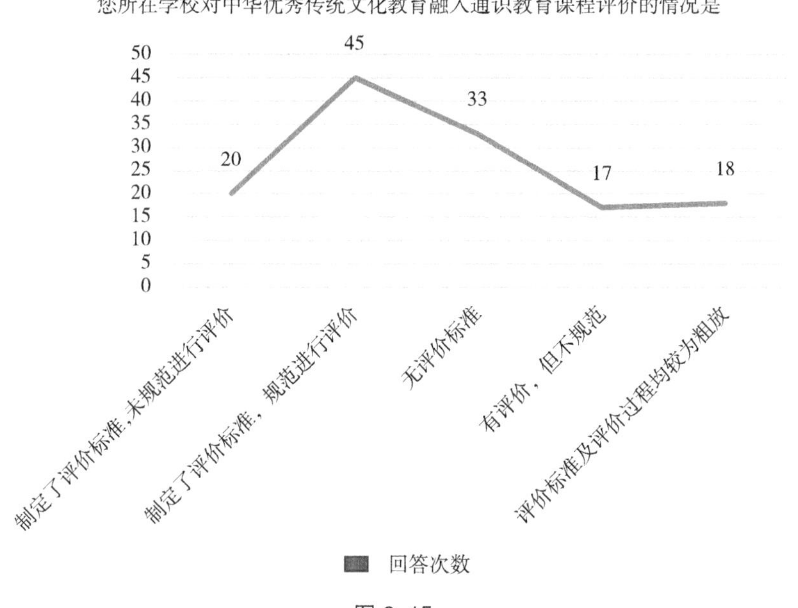

图 2.15

四、关于“融入”现状的几项重要判断

通过对教师、学生问卷调查统计数据进行系统研究分析，发现了制约中华优秀传统文化教育融入高职通识教育课程体系的关键因

素，找到了“融入”过程中所存在的一些问题，形成了关于中华优秀传统文化教育融入高职通识教育课程体系的若干判断、结论。

第一，虽然师生均能认识到中华优秀传统文化教育的重要价值，但是对于中华优秀传统文化教育与非专门中华优秀传统文化课程的关系认知不深入，不能准确把握中华优秀传统文化教育载体、路径的多样性，对于每门高职课程都承担有中华优秀传统文化教育之责理解不透彻，对中华优秀传统文化教育融入高职通识教育课程体系的价值和内在逻辑等没有全面、深入的把握。

第二，虽然高职院校对标党和国家政策精神，积极推进中华优秀传统文化教育融入高职课程体系这一重要工程建设，并且取得了一定的阶段性成效，但是从总体上看，“融入”不够系统、规范，存在碎片化、盲目性、随机性现象，不能有效满足新时代要求，与建设社会主义文化强国要求有一定差距。

第三，虽然高职院校积极探索、构建融入高职通识教育课程的中华优秀传统文化教育内涵体系，经过收集、选取、加工、整合，形成了丰富的“融入”素材，但是不能够有效观照基于“融入”的中华优秀传统文化教育内涵的内在逻辑架构，没有形成以中华优秀传统文化的核心价值理念、中华传统美德、中华人文精神、审美精神、哲学思想等为牵引的“融入”内涵体系，没有形成基于高职通识教育课程教学的中华优秀传统文化育人合力。

第四，虽然高职院校在对中华优秀传统文化教育融入高职课程教学的路径、方法与手段的实践探索方面取得了较好成效，但是在路径、方法、手段的多样化、有效性方面需要进一步加大研究、实践的力度。

第五，虽然高职院校对中华优秀传统文化教育资源建设成效明显，但是仍需在资源的针对性、凝炼度、吸引力、数字化水平等方面持续改进，需要进一步优化资源供给。

第六，中华优秀传统文化教育融入高职通识教育课程评价体系构建尚处于初级阶段，不能有效规范、引领中华优秀传统文化融入高职通识教育课程实践，迫切需要加大研究力度，构建适于高职课程教学和中华优秀传统文化教育要求的科学、便捷的“融入”评价体系，以有效推进“融入”，为学生成长发展提供有效助力。

五、深化推进“融入”的若干对策

针对中华优秀传统文化教育融入高职通识教育课程体系的现实生态及其所存在的问题，我们在认真学习研究党和国家关于高等职业教育、高职院校课程建设、课程思政教育、中华优秀传统文化教育相关政策精神，在努力吸收、借鉴关于推进高职生中华优秀传统文化教育、课程思政教育方面的研究成果基础上，结合高职院校通识教育课程建设和基于通识教育课程教学的中华优秀传统文化教育的实际，经过分析、研究，提出以下关于深化中华优秀传统文化教育融入高职通识教育课程体系研究与实践的若干对策建议。

（一）学深悟透政策与精神，精准把握规律和需求，建强通识教育教师队伍

发展是第一要务，科技是第一生产力，人才是第一资源，创新是第一动力。

建设一支政治站位高、师德素养好、业务能力强、中华优秀传统文化素养过硬的高职院校通识教育教师队伍，在课程教学中推动中华优秀传统文化创造性转化、创新性发展，有力支撑教书育人事业发展，是高职院校发展的关键。要在学校党委的领导下，以基层党支部党建工作为引领，始终牢牢把握社会主义办学方向，贯彻党的教育方针，坚持立德树人根本任务，深刻领悟“两个确立”的决定性意义，增强“四个意识”、坚定“四个自信”、做到“两个维护”，胸怀“国之大者”，不断提高政治判断力、政治领悟力、政治执行力，学深悟透习近平总书记关于中华优秀传统文化教育的重要讲话、指示精神，全面准确理解党和国家的相关政策，准确把握学生成长、发展诉求，遵循教育教学规律、思政教育规律、文化传播规律，不断深化对中华优秀传统文化融入高职通识教育课程的认识，有效推进中华优秀传统文化融入高职通识课程体系，不断提升教书育人水平和实效。

（二）统筹设计、系统推进，体系化建设中华优秀传统文化融入高职通识教育课程的内涵体系

要进一步深化对中华优秀传统文化教育重要性的认识，进一步

深化对中华优秀传统文化教育融入高职课程体系在高职院校人才培养中的重要价值，在学校范畴内做好中华优秀传统文化教育融入课程体系的顶层设计，系统规划、推进中华优秀传统文化融入课程教学这一重要工程建设；充分调动各方面的积极性，尤其是专任教师的积极性，对标党和国家要求，对标新时代新标准，结合专业、课程特点，以学校“融入”理念为引领，以中华优秀传统文化所蕴含的核心价值理念、传统美德、人文精神、哲学思想、审美精神等统揽中华优秀传统文化素材，分类加工整合、提炼创新，系统化构建“融入”内涵体系，为高水平推进“融入”工作提供科学的内涵体系支撑。

（三）数字赋能“融入”，不断拓展“融入”路径、创新“融入”手段方法

结合课程教学特征、中华优秀传统文化教育特点，以数字赋能“融入”路径建设，拓展传统渠道，如课前准备、课堂教学、课后延展、研讨交流、考核评价等，勇于使用数字技术开辟“融入”新渠道，如基于课程教学的中华优秀传统文化自主学习平台的学习教育、师生云上互动、基于课程学习交流群的交流研讨等；数字赋能“融入”方法创新，积极研究、探索数字赋能“融入”手段方法创新，以新的手段方法增强“融入”实效，如观看小微视频、VR/AR作品观看学习、异地线上参访、沉浸式学习体验等，可以分时线上交流研讨、适时云上选用素材、专家异地线上点评等，数字赋能“融入”手段方法，能大幅提升手段方法的运用成效，其趣味性、

生动性，多时段、多场景课程教学等，有助于引发学生学习兴趣、激活学习动力、增进学习广度、深度，能有效促进学习实效提升。

（四）采取切实举措，努力提高师生数字素养，增强师生在课程教学中运用数字手段的能力，让数字赋能“融入”资源建设，建设与课程教学内容有内在逻辑关联的智慧型、管用的中华优秀传统文化教育资源

习近平总书记在致国际教育信息化大会的贺信中强调，中国坚持不懈推进教育信息化，努力以信息化为手段扩大优质教育资源覆盖面。习近平总书记的重要讲话精神是我们推进优质中华优秀传统文化教育资源建设的基本遵循。高职院校可以通过深化校企合作方式，结合通识课程特点，结合课程思政教育教学需要，充分利用信息化手段，建设起类型多样、内容丰富且凝炼、形式规范、基于通识教育课程教学的智慧型中华优秀传统文化教育资源库，以高品质的中华优秀传统文化教育资源高质量开展通识教育课程教学，有效满足学生成长发展需要，切实使立德树人根本任务落地见效。

（五）深化研究、迭代推进，构建起适于高职院校实际的科学、规范的中华优秀传统文化教育融入高职通识教育课程成效评价标准体系

对“融入”进行有效引领、规范，是中华民族现代文明建设对高职院校的基本要求，是为党育人为国育才的重要举措，是推动中华优秀传统文化创造性转化、创新性发展的生动呈现和表达。我们要对标《深化新时代教育评价改革总体方案》《关于深化新时代学校思想政治理论课改革创新的若干意见》基本精神，对标《高等学校课程思政建设指导纲要》《完善中华优秀传统文化教育指导纲要》基本要求，认真研究、把握课程思政教育规律、文化教育传播规律、通识教育课程建设规律、学生成长发展规律，结合专业特点、课程实际，迭代发展，构建起科学性强、使用便捷、确实管用的“融入”评价标准体系，为“融入”提供科学、有效的评价保障。

全面、准确把握中华优秀传统文化教育融入高职通识教育课程体系的现实状况，深化中华优秀传统文化教育融入高职通识教育课程的理念、内涵、路径方法与有效模式研究，为中华优秀传统文化教育融入高职课程提供有效助力，是落实立德树人根本任务的逻辑必然，也是我们应勇于担起的责任。

第三章

理念引领『融入』：中华优秀传统文化教育融入高职通识教育课程体系的若干理念

先进的教育理念是引领教育高质量发展的先导。在实践的基础上研究分析、总结升华、概括抽象出中华优秀传统文化教育融入高职通识教育课程体系的理念，是有效开展高职生中华优秀传统文化教育的前导性工作，对于提升“融入”水平，促进课程思政教育教学改革创新，具有重要意义。在我们正在大力推动中华优秀传统文化创造性转化、创新性发展的今天，对“融入”理念进行研究与实践，则愈显重要。

中华优秀传统文化是中国传统文化中先进、精华、优秀的部分，其蕴含着中华民族最深沉之精神追求，是中华民族独特的精神标识，为中华民族自强不息、发展壮大，提供着丰厚滋养，是中华民族伟大复兴的动力源泉，是当代中国发展的突出优势。传承、弘扬、发展好中华优秀传统文化，是新时代高等职业教育发展的逻辑必然，是高职生德智体美劳全面发展的内在诉求。中华优秀传统文化教育科学、合理、有效融入高职通识教育课程体系，对高职院校有效开展中华优秀传统文化教育具有重要价值，也是高职课程思政建设的题中应有之义。在对中华优秀传统文化教育融入高职通识教育课程体系进行深入探索过程中，通过梳理、总结、升华、凝炼、研究，形成中华优秀传统文化教育融入高职通识教育课程体系的科学理念，对高质量推进基于高职通识教育课程教学的中华优秀传统文化教育具有重要引领和规范作用。

我们在对中华优秀传统文化的时代价值、中华优秀传统文化教育的内涵、高等职业教育教学规律进行整体把握的基础上，对中华优秀传统文化教育融入高职课程建设的具体实践进行了探索、研究，形成了中华优秀传统文化教育融入高职课程体系的若干理念。这些理念源于中华优秀传统文化教育融入高职通识教育课程体系的具体实践，亦必然会在高职通识教育课程建设进程中充分显现出其价值。

一、高质量的顶层设计是提升“融入”实效之保障

顶层设计是系统性推动工作的全面、规范开展，对于有效落实责任，使工作目标任务切实落地见效具有保障作用。顶层设计是相对的，我们所讲到的顶层设计，都是在一定范围内，对一定工作、活动等的顶层设计。本书所研究的中华优秀传统文化教育融入高职通识教育课程体系中所涉及的顶层设计，则是特指在高职院校范畴内的顶层设计。

规范化、体系化推进中华优秀传统文化教育融入高职通识教育课程体系，需要在学校范畴内做好“融入”顶层设计工作。“融入”顶层设计有不同的层级，如学校、二级院系、教师层面等。对标党和国家关于开展中华优秀传统文化教育、关于深化职业教育教学改革的政策精神，在学校范畴内，对标政策精神，遵循职业教育教学规律，结合学校实际，就中华优秀传统文化教育融入课程体系，进行整体擘画、系统设计，从组织机构、主体素质提升、融入目标、具体内涵、融入路径、效果评价、实施保障以及数字赋能中华优秀

传统文化教育融入高职课程体系等方面进行全面性、体系化设计。有了这样的具有针对性的顶层设计之后，不同专业的不同教师在课程教学中对学生进行中华优秀传统文化教育时，就能够做到有规可依、有矩可循，可以有效避免“融入”的盲目性和碎片化现象，增强“融入”的科学性、系统性和规范性，有效保障基于通识教育课程教学的中华优秀传统文化教育实效的提升。

践行以高质量的顶层设计保障“融入”实效提升之理念，要求学校要根据新时代对职业教育发展的新要求，认真、精准把握习近平总书记关于中华优秀传统文化传承、发展的重要讲话精神，全面贯彻落实党和国家关于推进职业教育改革创新，中华优秀传统文化创造性转化、创新性发展以及开展中华优秀传统文化教育的政策要求，结合职业教育实际、专业特征、学生特点，体系化、层次化设计出、践行好学校关于中华优秀传统文化教育融入高职课程体系的顶层规划。在学校层面上的关于“融入”的顶层设计框架之下，相关二级学院，要依据学校层面上的顶层设计，做好相应专业的中华优秀传统文化教育融入课程体系的规划设计工作。例如学校基础教育学院或通识教育教学部，可以根据学校的顶层规划，系统设计出中华优秀传统文化教育系统融入高职通识教育课程体系的规范、方案，以有效指导教师开展课程教学。教师层面的中华优秀传统文化教育融入教育课程顶层设计，则是要求通识教育课教师根据学校、院系要求，对自己所教授课程的课标、教材、教案、教学 PPT、教学方式、支撑性教学资源、学习成效测评工具等，进行系统设计，根据授课班级学生所学专业、课程教学内容、学生实际情况等，把相应的中华优秀传统文化元素，以润物无声或惊涛拍岸等方式，恰当融入课程教学各相应环节、内容之中，让学生在学习课程知识、规范，培育学生能力、素质的同时，受到中华优秀传统文化的浸润，达到润心育德之目的。

二、强化教师主体“融入”自觉是提升“融入”水平的关键

中华优秀传统文化教育能否高质量融入高职通识教育课程体系，其关键在教师。教师自身的文化素养，教师自身对于中华优秀传统文化的理解和掌握状况，教师对基于通识教育课程教学对学生有效进行中华优秀传统文化教育意义的认知，教师的政治站位，教师把相应的中华优秀传统文化内容转化为基于特定课程教学的中华优秀传统文化教育内容的能力等，直接影响到“融入”的成效，直接影响到基于课程教学的中华优秀传统文化教育成效。因此，教师的“融入”意识和能力与“融入”水平、实效高度关联。学校、二级院系要高度重视教师“融入”意识和能力的提升，要为教师综合履职能力提升创造条件，努力在学校、二级院系形成有效激励教师提升综合履职素养，提升“融入”能力、水平的体制机制和浓厚氛围，有效激励教师不断强化“融入”的思想政治和行动自觉，以灵活多样的形式，持续、有效提升自己的“融入”水平和成效，在为党育人为国育才的新征程上，培育出更多高素质技术技能人才、能工巧匠、大国工匠。

新时代对职业教育发展提出了新标准、新要求，新时代职业教育发展亦对教师的素质结构、水平提出了更高要求。职业院校的广大教师，当然也包括职业院校的通识教育课教师，要牢记职业教育的初心使命，勇于担当作为，全面升级自身的综合履职能力，不仅做好经师，更要做好人师，以高度的责任心、精湛的专业能力和厚重的中华优秀传统文化底蕴，高质量完成所承担的教书育人任务，把立德树人根本任务切实落到实处。通识教育课教师要养成学习提升的思想和行动自觉，要努力提升自我提升的能力，根据党和国家政策要求，根据学生健康成长、全面发展的需要，主动、持续提升自己的综合职业素养和教书育人能力。职业院校的通识教育课教师，要认真学习、研究将中华优秀传统文化教育融入通识课程教学的方法和艺术，结合专业特点、教学内容、学生实际，选择恰当的切入点，将与课程教学内容有机关联的中华优秀传统文化元素，有机融入课程教学内容之中，使其成为课程的有机组成部分。需要强调的是，中华优秀传统文化的融入，是自然而然的融入，所融入的中华优秀传统文化元素，成了课程的自然而然的一部分，增强了课程的育人活力，点亮了课程的灵魂，使得该课程成了有灵魂的课程。

三、自提升力是持续提升“融入”水平的核心要素

就本课题研究而言，师生均是“融入”主体，本章主要对“融入”主体中的教师主体的自提升力、自提升的内涵与路径等进行研

究。新时代对高等职业教育发展的新要求、中华优秀传统文化教育的新需要，均对高职教师的中华优秀传统文化素养、对其"融入"能力提出了更高要求，教师自我综合职业素养提升和"融入"水平提高的关键在于教师的自提升力，自提升力是持续提升"融入"水平的核心要素。

教师主体自提升力是指根据中华优秀传统文化教育发展的新变化以及教育服务对象成长、发展的新诉求，教师主体自觉、自主地通过多种渠道，运用多种手段和方式，结合自身实际，不断更新观念，接纳新知识、新技能，不断增强新体验，持续提升综合职业素养，使自身在教育观念、知识、技能、职业道德等方面能够在新的水平上满足教育服务对象的要求的能力。

教师自我提升的关联因素主要有教师主体对自我提升力的重要性的认识程度、教师主体的思维模式、是否养成提升中华优秀传统文化素养的思想和行动自觉、数字素养水平、学习与实践的效率等。教师对自我提升力的重要性的认识程度与主体的自我提升力高度关联。主体对于自我提升力价值的认识愈加深入、全面，也即主体对于自我提升力的认识程度越高，那么主体提升自我提升力的意愿就会愈加浓厚，就会更加自觉地寻找自我提升的途径、手段和方法，自觉建构有效的主体自我提升模式，并主动按照新时代要求和服务对象的需要，采取有效措施，不断提升自我提升力；教师主体的思维模式约束着主体自我提升力的发展。开放、包容、系统、辩证思维，善于吸收、借鉴的思维模式能有效促进教师主体自我提升力的提高。基于此种思维模式，教师主体能够结合新的实践变化，结合教育对象的新特点、新诉求，不断调整自己观察、思考、处理问题的视角，不断优化自己的价值判断标准体系，更加勤于学习、善于进步，持续汲取新知识、新技能，不断丰富、提升自己，从而使得教师主体的自我提升力得以持续提升。相反，封闭、僵化、排他性的思维模式则不利于教师主体自提升力的提高。

养成良好的学习和实践习惯，形成提升文化素养的思想和行动自觉，有助于教师主体自提升力的提高。养成良好的学习和实践习惯，能够使教师主体充分利用一切提升自己的机会，利用一切可以利用的资源，根据自身情况和学生发展需要，有效学习、汲取新知识，获取新技能，使自我的自提升力得到提高。不断提升自己的数字素养，是提升教师主体自提升力的强大助力。现代信息技术手段的每一次升级、教师数字素养的每一步提升，都会在一定程度上推进教师学习成效的提高。如果教师主体能够积极跟进数字技术的发展进步，及时、熟练掌握新的数字技术手段，就能够大大提高自我提升的效率，进而促进自身自提升力的提升。此外，学习与实践的效率等因素也与教师主体的自提升力有较高的关联度，提高学习与实践的效率将对教师主体自提升力的提升产生积极助力。当然，要提高中华优秀传统文化教育融入高职通识教育课程体系的成效、增强课程思政教育实效，还有一个学生主体自提升力提升的问题。学生的文化素养、学习能力、学习习惯以及数字素养等因素对学生主体的自提升力都有着一定的影响，在此我们不再作具体阐释。

提升“融入”主体自提升力应坚持以下若干原则。

一是，把握新时代新要求，自觉自主提升原则。“融入”主体要把握新时代新使命，明确新形势新要求，自觉自主地对经济社会的发展进步、科技文化发展的趋势以及国际文化激荡对我们的新挑战等诸多“国之大者”，进行了解和把握，要自觉自主提升自提升力，以全面提高综合素质和能力，有效解决问题、应对挑战。若不能自觉自主地学习、把握中华民族现代文明建设的新要求，则“融入”主体就无法结合新形势，有效开展基于高职通识教育课程的中华优秀传统文化教育，就无法精准对标党和国家要求进行课程思政教育。教育对象对这样的教师、对这样的教师所教授的内容也就谈不上亲其师而信其道了，就会弱化“融入”工作的水平和成效。

二是，高职生成长与发展需求为先的原则。教师主体能力提升的范围极广，但是人无完人，教师主体也不可能成为完人，不可能也没有必要面面俱到提升自己。在尽可能拓宽自己的知识面，尽可能优化自己在中华优秀传统文化教育方面的知识、能力结构的同时，要紧密关注教育对象的诉求和关切，以学生成长和发展的需求为先。学生成长和发展的需要，就是教师主体自我提升过程中所要优先考虑、优先提高的方面。可以肯定地讲，教育对象成长、发展所需就是教师主体自我提升的方向所在。因此，高职生中华优秀传统文化教育主体在自我提升过程中要切实遵循教育对象所需为先的原则。

三是，职业道德修养无止境原则。教师主体肩负有重大育人责任。将中华优秀传统文化教育融入高职通识教育课程体系，以中华优秀传统文化涵育学生的家国情怀、思想品德，不仅靠育人者所拥有的丰富的中华优秀传统文化理论知识、熟练的技能，更要靠育人者的人格魅力。习近平总书记2014年9月9日在同北京师范大学师生代表座谈时强调，广大教师要做有理想信念、有道德情操、有扎实知识、有仁爱之心的好教师。教师主体要靠自己所掌握的真理和自身的人格魅力教育、影响和感染学生。如果教师主体学识渊博、能力突出，但是职业操守不堪为人师，为人处世不能为世范，那么这样的教师不可能给学生以全面、正确的教育和引领。因此，教师主体的自我提升是综合性的提升，不能仅仅重视知识、能力的提升，而轻视或忽视了职业道德修养。教师主体的职业道德修养不是一朝一夕之事，也不可能毕其功于一役，而是一个无止境的修养过程。教师主体的职业道德修养永远在路上，要自觉适应新时代要求、适应高等职业教育发展的新需要、适应学生成长发展的新诉求，不断提升自己的职业道德素养，持续培育自己良好的道德品质，以高尚的职业道德操守和人格魅力感染、培育学生。当下，在高职院校办学过程中，个别教师政治站位不够高，在基于课程教学过程中不能将意识形态工作责任严格规范落实到课程教学的每一个方面、环节和全过程，或者自己课上所讲与内心所信相悖，课上所讲与课下所行相异，教师所讲与所行相异化。如此，又如何能有效培育学生，促进学生的健康成长和发展呢？又如何能够促进学生的文化自觉自信呢？之所以如此，就是由于个别教师在修养、提升过程中，仅重视了对知识、技能的提升，而忽视了职业道德修养。因此，教师主体自我提升时，要牢牢记取并践行职业道德修养永无止境之原则。

四、以“四维八群”方式分类整合内容，各有侧重“融入”

以习近平新时代中国特色社会主义思想为指导，认真学习、研究习近平总书记关于中华优秀传统文化传承与弘扬的重要讲话精神、关于职业教育的重要指示精神，贯彻落实党和国家关于推进中华优秀传统文化创造性转化、创新性发展的精神和要求，从汉语言文字、核心思想理念、中华传统美德、中华人文精神四个重要维度，以概括、简约、生动的方式，把中华优秀传统文化中核心思想理念、基本传统美德、重要人文精神等，梳理、阐释、呈现出来，并结合专业、课程特点，有机融入不同的课程中。在前期探索的基础上，我们从思想政治教育、人文素质教育、创新创业教育、心理健康教育、体育、美育、劳动教育、职业素养教育等八个板块，把高职通识教育课程进行分类，建构起八大课程集群，根据不同课程集群的特点，总体设计中华优秀传统文化融入各课程集群的目标、内涵，在通识教育课程集群框架之下，具体设计中华优秀传统文化融入各门课程的目标与内涵，结合专业、专业所对应的职业岗位群、学生的认知特点等因素，寻找到中华优秀传统文化融入课程教学的最佳切入点。在教学过程中，授课教师在相应的切入点，通过使用典型的中华优秀传统教育资源，把中华优秀传统文化的核心思想理念、传统美德、人文精神，各有侧重地融入教学内容中，使学生在学习课程理论知识、培育素养能力的同时，受到中华优秀传统文化的熏陶、涵养，不断增强其文化自觉、自信。

中华优秀传统文化融入高职通识教育课程体系时，每门课程的融入点、融入元素及内容的多少，不宜一概而论，应根据具体教学情况确定。通过教学实践和体验，我们认为，一般而言，每章课程内容中，有一至两个融入点为宜。把中华优秀传统文化教育融入课程时，不必每门课程均全部覆盖中华优秀传统文化的各重要方面，根据课程教学目标、具体教学内容和学生所学专业等，针对性匹配相应的中华优秀传统文化教育资源，各有侧重、恰如其分融入优秀传统文化教育元素即可。中华文明博大精深，诗词歌赋、琴棋书画，陶器、青铜器、甲骨文，传统工艺、文艺，传统服饰、美食、中医，传统节日、民俗、节气等，中华优秀传统文化和每个中国人紧紧联系在一起，其丰富了我们的精神和生活，滋养着我们的心灵和品德。在课程教学过程中，我们可以结合具体场景、日常生活，自然而然把节气、民俗、诗词歌赋、服饰美食、历史地理、建筑工艺等传统文化素材中所蕴含的家国情怀、奋斗精神等，传授给学生，讲好关于中华优秀传统文化的感人故事，激励、引领高职学生为强国建设、民族复兴而努力学习实践。

五、中华优秀传统文化教育是课程思政建设不可或缺的内涵

加强课程思政建设，不断深化课程教学改革创新，使各类课程与思政课程同向同行，形成协同育人效应，是贯彻落实党的教

育方针，坚持立德树人根本任务的重要举措。高职院校课程思政建设的内涵丰富，结合专业特点、课程内容、学生实际，对高职生有效进行中华优秀传统文化教育，大力弘扬以爱国主义为核心的民族精神和以改革创新为核心的时代精神，是新时代高等职业教育发展和高职生成长成才的必然要求，是高职通识教育课程思政建设的不可或缺的内涵。通过中华优秀传统文化教育融入高职通识教育课程体系，在推进教育教学改革创新的过程中，教育、引领学生深刻理解、践行中华优秀传统文化中的价值观念、道德规范等，例如通过通识教育课程教学，教育引导学生理解、内化讲仁爱、重民本、守诚信、崇正义、尚和合、求大同的思想精华，深刻把握中华优秀传统文化中的价值观念、伦理道德及人文精神的时代价值，教育引导学生传承好、发展好中华文脉，要富有中国心、饱含中国情、充满中国味，要在强国建设、民族复兴的伟大征程中作出无愧于新时代、无愧于党和国家期待的贡献。

在建构高职通识教育课程思政教育内容体系过程中，要充分挖掘课程教学内容中的中华优秀传统文化元素，要建构起基于中华优秀传统文化教育的科学的课程思政教育内容体系，不断丰富课程思政教育的内容供给，进一步优化、升级学生的课程学习体验，在学习、掌握学科理论知识、学科技能的过程中，同时学习、掌握与课程内容紧密联系的中华优秀传统文化的相关内涵，体验、感悟，理解、掌握与之相关的思想理念、道德规范、人文精神等，从而达成提升中华优秀传统文化素养，筑牢理想信念、涵养家国情怀、坚定文化自信、勇于担当进取之目标。

中华传统文化源远流长、风华浸远，其内容博大精深。在挖掘与课程内容相关的中华优秀传统文化教育素材时，除既有的各类素材之外，还要注重从经、史、子、集中挖掘能较好体现爱国、诚信、公平、正义、坚毅、勇敢、孝敬、奉献、创新、进取、理性、和谐、和平等方面的素材，并根据教学需要，进行加工、创造，制作成凝炼的易于提升学生学习体验的课程思政教育资源，为中华优秀传统教育有机融入课程提供有效支撑。

六、以数字赋能助力创造性“融入”

数字技术的发展极大地促进了教育教学手段与方式的改革创新，极大地推进了职业院校教育教学水平的提升。数字技术在中华优秀传统文化教育融入高职通识教育课程的具体实践中，已发挥出突出的作用。中华优秀传统文化教育融入高职通识教育课程体系是一项系统工程，这项系统工程是由课程教学主体、“融入”目标、内涵、手段、方式方法、支撑资源、融入成效考核评价等元素和环节构成的链条，我们可以把这条复杂的链条称之为“融入链”。数字赋能高职通识教育课程教学改革、赋能中华优秀传统文化教育、赋能中华优秀传统文化教育融入高职通识教育课程体系，会有效助力基于高职课程教学的中华优秀传统文化教育。数字赋能“融入链”，主要是通过向“融入链”各元素、环节赋能而实现的。

教师主体是提升中华优秀传统文化教育融入课程教学水平的

关键，教师主体的数字素养水平则直接影响到"融入"成效。教师主体的数字素养是指教师主体根据场景需要，恰当应用数字技术获取、加工或创制、使用、管理和评价数字信息和资源，发现、分析和解决在教育教学过程中遇到的问题，推进教育教学改革创新而具有的意识、能力和责任。数字赋能教师主体，主要是指通过学习培训和实践，不断深化教师对于数字技术重要价值的认识，强化其数字意识，增强其学习掌握数字技术的思想和行动自觉，以灵活多样的形式，不断丰富自己关于数字化方面的理论知识，持续提升自身运用数字技术解决问题的能力和责任。教师主体的数字素养提升，将会带来"融入"手段的丰富、升级，会进一步优化学生的课程学习体验，从而增强"融入"实效。

数字赋能"融入"手段和方式，促进"融入"手段和方式创新，能有效助力"融入"成效的提升。师生利用数字化手段查寻、整合、加工、使用与课程教学内容有强关联的中华优秀传统文化元素，将会极大提升教学的便捷性、丰富性，将会进一步优化师生的教学体验，增强中华优秀传统文化教育融入课程的感染力、影响力；通过数字赋能互动方式，可以大幅提升互动效率，如师生使用投屏技术，可以快速呈现、交流学习成果，可以快速实现异地同步互动等；通过向教学资源建设赋能，可以变革教学资源制作方式，设计制作出数字化教学资源，如微视频、VR/AR 作品等，为中华优秀传统文化教育有效融入高职通识教育课程体系提供有效的资源支持。

七、建构科学评价体系，有效引领规范“融入”

科学的便于应用的评价体系，对中华优秀传统文化教育融入高职通识教育课程体系具有引领、规范作用。对标党和国家关于推进中华优秀传统文化教育的政策精神和要求，遵循文化教育、传播规律、学生认知规律以及课程建设规律，从高等职业教育的实际、高职院校学生的实际出发，结合专业、职业、课程特点，运用数字化手段，建构起科学合理、使用便捷的智慧型中华优秀传统文化教育融入高职通识教育课程体系评价体系，将会为“融入”工作提供有效的评价保障。

建构“融入”评价体系，要对主要评价要素，如评价主体、评价对象、评价点、评价内容、权重、组织实施、数字化手段引入、评价结果使用等进行科学设计。我们重点对“融入”评价体系中评价点、评价内容及数字化手段等进行研究分析。评价点的设计、选取，直接关乎评价体系的科学性。中华优秀传统文化教育内容浩如烟海，极为博大、丰富，不可能把繁多的内容均置于课程教学内容中，也不可随机性、碎片化地盲目“融入”。与前文所研究、阐释的观点相一致，在设计、选取融入的节点、内容时，我们可以从汉语言文字、核心思想理念、中华传统美德、人文精神四个维度进行考量，按照此四个维度，结合不同素质教育课程群中具体课程的教学实际，针对性、适当地选取具体的中华优秀传统文化素材。在课程教学中，何时何处将所选取的中华优秀传统文化教育元素融入其中，教师要进行精心设计，要设计、选择恰当的切入点，要使所选取的素材能与切入之处的课程教学内容高度切合，我们追求的是二者之间自然而然地融入，而不是僵化生硬地生拉硬扯。在设计“融入”评级体系时，要对中华优秀传统文化在该门课程的融入维度是否恰当，“融入”是否平滑、顺畅，内容选择、使用是否科学、合理及其应用成效等情况进行评价。

与时俱进，中华优秀传统文化教育融入高职通识教育课程体系，要充分运用现代信息技术手段，以数字赋能高职学生的中华优秀传统文化教育，以数字赋能“融入”，以此激活高职生中华优秀传统文化教育形式，激活中华优秀传统文化载体的生命力、吸引力，使其更好地显现出其时代价值。此外，在设计“融入”评价体系的评价点时，师生互动情况，学生是否深度参与到基于课程教学的中华优秀传统文化教学中来等因素，也是我们需要予以考虑的方面。

中华优秀传统文化元素融入高职通识教育课程体系，不仅仅体现在教学内容、考核评价方面，除此之外，在专业人才培养方案、教学标准、教材、教学设计、教育教学资源等方面、环节，也有中华优秀传统文化元素融入的具体任务。我们要根据新时代建设中华民族现代文明要求，根据培养高素质技术技能人才需要，通过深入研究论证、分析归纳，把中华优秀传统文化元素融入高职专业人才培养方案、课程标准、教材、相关教育教学资源之中，以便为中华优秀传统文化教育提供支持。

要充分挖掘课程教学方式中所蕴含的中华优秀传统文化教育

元素，以其教育、影响学生。例如在教师主导下的小组合作教学方式中，教师在介绍小组合作的任务、要求以后，可以明示学生：小组中的每位成员，都是团队一员，大家要团结协作、努力为高质量完成团队任务作出贡献。此后教师可以引用孟子和《吕氏春秋》之语，教育引领学生团结协作完成课堂教学任务。教师可以这样挖掘、使用中华优秀传统文化素材："孟子曾说：'天时不如地利，地利不如人和。'《吕氏春秋》曰：'万人操弓，共射其一招，招无不中。'这些都在说团结、合作的重要性，在接下来的小组合作中，希望大家都充分发挥主观能动性，为高质量完成大家共同的任务贡献自己智慧和力量。"

需要强调的是，在设计"融入"评价体系的具体指标时，要将重点放在教师将中华优秀传统文化元素融入课程之后对学生的教育实效上，这是考评的立足点、落脚点。也就是说，基于中华优秀传统文化教育融入高职通识教育课程的最终效果，还要看学生理想信念、思想品德、人文情怀受到滋养的效果如何，是否进一步坚定了学生的文化自觉自信等；要坚持定量评价和质性评价相结合，坚持结果评价和过程性评价相结合，要研究、完善、运用好综合性评价，要深化研究增值性评价，并结合实际，探索、优化增值性评价，努力以科学、便捷的评价体系，为中华优秀传统文化教育高质量融入高职通识教育课程体系提高评价保障。

习近平总书记强调，中华优秀传统文化是中华民族的精神命脉，是涵养社会主义核心价值观的重要源泉，也是我们在世界文化激荡中站稳脚跟的坚实根基。结合教育教学实践，探索研究、总结凝炼中华优秀传统文化教育融入高职通识教育课程体系的理念，有效引领中华优秀传统文化教育融入高职通识教育课程体系的具体实践，进一步增强师生的文化自觉和文化自信，是新时代赋予我们的重要责任，我们务必要落实落好这份责任。

第四章

强壮课程筋骨：中华优秀传统文化教育与高职通识教育课程体系建设

中华优秀传统文化流淌在中华民族的精神血脉里，延绵不绝且愈发生机勃勃，滋养着一代一代又一代华夏儿女，激励着我们克服千难万险、勇于创新进取。有效开展中华优秀传统文化教育，引领学生传承好中华文脉，以中华优秀传统文化涵育家国情怀，使其富有中国心、饱含中国情、充满中国味，进一步增强民族自信心、自豪感，是新时代高等职业教育的重要目标任务。

一、相关核心概念界定

为了便于其后的研究分析，在此对“中华优秀传统文化教育融入高职通识教育课程体系研究”所涉核心概念进行分析、界定，以明确概念的内涵和外延。对于文化、中华文化、传统文化、中华优秀传统文化等概念，由于在第一章已经分别对其进行了定义，故而在此不再进行探究。

（一）文明

关于文明的概念，历来有不同的阐释、不同的定义。专家、学者们从人类学、考古学、社会学、政治学、哲学等不同的学科领域、不同的研究视角，对于“文明”各有侧重地进行了研究、抽象。这些研究成果对于我们认识、理解、把握“文明”这一概念具有一定的借鉴作用，但是令人遗憾的是，尽管既有的关于“文明”

的研究成果颇丰，然而还是没有一个定义能够清晰、凝炼地对这一概念进行界定。这对于我们对高职学生进行中华优秀传统文化教育、对于将中华优秀传统文化教育融入课程体系、对于师生提升中华优秀传统文化素养是不利的，易于产生认识、理解上的混乱。因此，有必要对其进行明确界定。

文化，从广义而言，就是指人类认识世界、改造世界的一切成果的总和，换言之，文化就是人化与化人。没有人的参与，未纳入人类活动范畴的自然，或者说纯自然的东西，则不是文化，文化是人类社会特有之现象，因此，文化是相应于自然而言的；文明，则是指社会的进步、提高程度与状态，因此文明是与野蛮相对应、对立的概念。“文明”一词，在汉语中最早见之于《易经》，其云“见龙在田，天下文明”。《易经·系辞》：“易者，象也。”《易经》有群经之首之美誉，《易经》为群经之首确实名副其实。《易经》是演绎、阐述天地之间万象发展变化之古老经典。易之变，可以根据象限来确定，阴阳演绎四象八方，《易经》对成象之道、观象之法进行了系统阐释。龙，最早的“象”是管水王兽。古代不同时期，把很多动物都称之为龙，例如牛龙、猪龙、羊龙等。我国南方地区的原始农耕，稻作农业是其特色。水稻是喜水农作物，耕种水稻之土地为“田”。驯牛耕田的牛耕技术，是人类进入文明的标志之一。见龙在田，即见牛（牛龙）在田之意，是对我国稻作文化及农耕文明之起源、发展的概括性表达。因此，《易经》所谓“见龙在田，天下文明”，即见龙（牛龙）在田，人类能够驯牛耕田了，在此基础上，文字、工具、宗教观念、法律、城邦及国家等逐步产生、发展，从此脱离了野蛮状态，天下进入了文明社会。《周易》贲卦的象辞上讲："刚柔交错，天文也；文明以止，人文也。观乎天文，以察时变；观乎人文，以化成天下。"其意是指日与月刚柔相互交错，遵循天道规律有序运行，为天文；得文明而告别野蛮、止于礼义，这就是人文。观察研究天文，可以察知、掌握时节的变化；观察明了人文、通过注重伦理礼仪，则可以教育化成天下。由此可知，所谓文明，是指一个人类社会共同体在一定历史条件下，所创造的具有进步的健康的良善的物质、制度和精神成果的总和以及形成该文明成果的人类共同体本身。此概念包含两层含义：一是指一定历史条件下，人类社会共同体所创造出的成果总和；二是指创造出文明成果的这一共同体。人们通常把金属工具的出现、文字的发明和国家的形成作为人类进入文明社会的重要标志。按照不同的标准，文明可以划分为不同的类型：例如按结构进行划分，可将文明分为物质文明、政治文明、精神文明、社会文明、生态文明；按地理环境标准，可将文明分为大河文明、海洋文明和草原文明等；按文化来分，则可分为儒家文明、印度教－佛教文明、伊斯兰教文明和基督教文明；按生产力标准进行划分，则可将文明分为渔猎采集时代文明、农业文明、工业文明、信息文明；以时间为标准，可将文明分为古代文明、近代文明和现代文明。

基于以上对文明进行定义的逻辑，对中华文明、中华民族现代文明作如下定义。中华文明是指中华民族在中华大地上自古至今，乃至于未来，所形成的生机勃勃、持续发展的中华民族共同体和其不断创造出的文明成果的总和；中华民族现代文明是指由中华民族在现代历史环境下所形成的所创造出的文明进步成果和中华民族共同体的进步发展状态。在既有的基础上，继续推动文化繁荣、建设文化强国、建设中华民族现代文明，是新时代赋予我们的文化使命，也是以中国式现代化全面推进中华民族伟大复兴的逻辑必然。

（二）高职教育

职业教育，是指为了培养高素质技术技能人才，使受教育者具备从事某种职业或者实现职业发展所需要的职业道德、科学文化与专业知识、技术技能等职业综合素质和行动能力而实施的教育，包括职业学校教育和职业培训。职业教育是与普通教育具有同等重要地位的教育类型。职业学校教育分为中等职业学校教育、高等职业学校教育。

高职教育是高等职业教育的简称，是我国高等教育的重要组成部分，包括高等职业专科教育、高等职业本科教育、研究生层次职业教育。职业教育与普通教育是两种不同教育类型，具有同等重要地位，高职教育则是我国职业教育体系中的高层次教育。

（三）教育教学资源

公共基础课是高等和中等专业学校各专业学生共同必修的课程。通识教育是指为受教育者提供通行于不同人群之间的知识和价值观教育。高职通识教育课是指高职院校各专业学生均需要学习的通用课程。在高等教育阶段，通识教育指大学生均应接受的有关共同内容的教育。教育教学资源是为了有效开展教育教学，增强教育教学的科学性、生动性、实效性，支撑教育教学目标更加顺利实现，而提供的教育教学素材等各种可被利用的条件，通常包括教材、案例、影视、图片、课件等，也包括教师资源、教具、基础设施等。从广义上来讲，教育教学资源指在教育教学过程中可以利用的一切要素，包括支撑教育教学的、为教育教学服务的人、财、物、信息等。从狭义上来讲，教育教学资源主要包括教育教学材料、环境及教育教学后援系统等。本书所涉教育教学资源的概念，则是狭义的教育教学资源概念。

二、中华优秀传统文化教育与高职通识教育课程建设

中华优秀传统文化是中华民族的精神命脉，是中华民族的根与魂。党的十八大以来，习近平总书记就传承与弘扬中华优秀传统文化发表了一系列重要论述。2014 年 10 月 15 日，习近平总书记在文艺工作座谈会上的讲话中强调，中华优秀传统文化是中华民族的精神命脉，是涵养社会主义核心价值观的重要源泉，也是我们在世界文化激荡中站稳脚跟的坚实根基。增强文化自觉和文化自信，是坚定道路自信、理论自信、制度自信的题中应有之义。2018 年 3 月 20 日，习近平总书记在第十三届全国人民代表大会第一次会议上的讲话中指出，我们要以更大的力度、更实的措施加快建设社会主义文化强国，培育和践行社会主义核心价值观，推动中华优秀传统文化创造性转化、创新性发展，让中华文明的影响力、凝聚力、感召力更加充分地展示出来。2020 年 9 月 17 日，习近平总书记在

湖南大学岳麓书院与师生交流时强调，当代学生在传承中华优秀传统文化的过程中一定要进一步坚定文化自信！2021年3月，习近平总书记在考察福建武夷山市朱熹园时强调，要推动中华优秀传统文化创造性转化、创新性发展，以时代精神激活中华优秀传统文化的生命力。习近平总书记的重要论述，阐明了传承与弘扬中华优秀传统文化的内涵、意义与宗旨，为新时代中国特色社会主义文化建设和中华优秀传统文化教育工作指明了方向。

在世界百年未有之大变局加速演进、世界文化激荡的背景下，要厚植根基、站稳脚跟，坚定文化自信，就要持续、深入推进中华优秀传统文化的传承与弘扬。高职院校是中华优秀传统文化传承与弘扬的重要阵地，课程是中华优秀传统文化传承与弘扬的重要载体。2017年1月，中共中央办公厅、国务院办公厅印发的《关于实施中华优秀传统文化传承发展工程的意见》中指出，中华优秀传统文化教育要贯穿国民教育始终，围绕立德树人根本任务，遵循学生认知规律和教育教学规律，按照一体化、分学段、有序推进的原则，把中华优秀传统文化全方位融入思想道德教育、文化知识教育、艺术体育教育、社会实践教育各环节，贯穿于启蒙教育、基础教育、职业教育、高等教育、继续教育各领域。2017年2月，中共中央、国务院印发的《关于加强和改进新形势下高校思想政治工作的意见》中指出，要实施中华文化传承工程，推动中华优秀传统文化融入教育教学。2020年5月，教育部印发的《高等学校课程思政建设指导纲要》中明确提出，加强中华优秀传统文化教育是课程思政建设的重要内容之一，要求“教育引导学生传承中华文脉，富有中国心、饱含中国情、充满中国味”。

高职院校通识教育课程肩负有重要的育人功能，是中华优秀传统文化教育的重要载体。把中华优秀传统文化中的核心思想理念、传统美德、人文精神作为重要教育内容融入高职通识教育课程体系，是新时代高职课程体系建设的必然要求。对中华优秀传统文化教育融入高职通识教育课程体系进行深入研究，有效指导高职院校更科学、更规范开展通识教育课程思政建设，为高职院校有效传承和弘扬中华优秀传统文化提供指导和借鉴，是时代要求，更是我们的责任。

高职院校通识教育课程建设应坚持以下原则。

第一，要坚持“五性”原则。在高职通识教育课程建设过程中，要严格落实意识形态工作责任，分类建构，要坚持、遵循科学性、时代性、针对性、时效性和实效性原则，也即“五性”原则。要用科学的理论和方法来指导，做到课程设置精准，模块结构合理，课程内容注重体验与感悟，确保高质量开展高职生通识教育课程建设。

第二，坚持课程建设与人才培养目标相匹配原则。高职通识教育课程建设要与通识教育目标要求、学校人才培养目标相匹配，必须能够充分、有效支撑学生通用素质教育目标的实现。通识教育课程体系中每一门课程必须能够有效支撑该课程的建设目标的充分实现，通识教育课程体系要与高职学生通用素质教育目标相匹配。

第三，坚持适时迭代原则。时代的新变化、用人单位对毕业生的素质新要求，毕业生成长、发展的新需要等，均会引发学校教育教学具体培养目标的变化，通识及通用能力教育的目标以及支撑该目标实现的课程体系也会随之而再构，高职生通识及通用能力教育课程体系要适时迭代发展。

第四，要坚持思政课程与课程思政有效协同原则。全面规范落实上级和学校党委关于思政课程和课程思政建设的政策精神，结合学校的办学特色、专业特点、学生实际，有效推进课程思政建设，使学校所开设的每一门通识教育课程均能充分开发、利用该门课程所蕴含的思政教育元素，高质量进行课程思政教育，把中华优秀传统文化教育，科学、有效融入高职通识教育课程体系，真正使思政课程与课程思政建设同向同行，形成协同效应。

每一门通识教育课程都要寓价值观引导于知识传授和能力培养之中，深入推进中华优秀传统文化教育融入工作，帮助学生塑造正确的世界观、人生观、价值观。在课程思政建设过程中，我们要紧紧抓住教师队伍“主力军”，不断提升“主力军”的“融入”能力和水平；我们要紧紧把握课程建设“主战场”，在“主战场”上积极担当作为；我们要着力打造课堂教学“主渠道”，让“主渠道”源源不断浸润学生心田、哺育学生成长，使各门通识教育课程思政与思政课程同向同行，将显性教育和隐性教育相统一，把通识教育课程构建成融价值塑造、知识传授、能力培养为一体，能够适应新时代要求的优质课程。要结合职业、专业、课程特点，规范开展通识教育课程思政建设，在每一门通识教育课程中自然、有效融进中华优秀传统文化教育。教师要强化课程思政建设的思想和行动自觉，使课程思政建设和“三全育人”在通识教育课程建设中切实落到实处。让每一位教师、每一门课程都承担好育人责任，都守好一段渠、种好责任田，让通识教育课程思政建设绽放绚丽之花、结出丰硕成果。

三、高职通识教育课程建设的依据及方法论

全面贯彻党的教育方针，坚持立德树人根本任务，遵循素质教育规律、高职生成长成才规律、课程建设规律，从新时代对高等职业教育的要求、学校人才培养目标和高职学生实际出发，坚持“五育并举”，推进具有职业院校特色的课程建设，规范进行课程思政建设，把中华优秀传统文化所蕴含的核心思想理念、传统美德、人文精神、哲学思想、审美精神恰当融入课程，有效满足学生成长、发展的需要，满足时代和社会需要，为新时代高等职业教育发展，积极担当作为。

（一）课程建设的理论依据及借鉴

坚实的理论支持是建设高水平高职通识教育课程体系的保障。高职通识教育课程体系建设，要始终坚持以习近平新时代中国特色社会主义思想为指导。人的全面发展是马克思主义的最高价值追求，也是习近平新时代中国特色社会主义思想的核心价值追求。习近平总书记强调，必须坚持以人民为中心的发展思想，多次深刻指出要“不断促进人的全面发展”。马克思主义经典作家关于人的全面发展的学说是我们进行教育教学改革、推进高职通识教育课程体

系建设的基本的理论依据。

推进通识教育课程体系建设，我们还要借鉴其他有较大正向影响力的课程建设理论。例如马斯洛的层次需求理论；建构主义的知识观、学习观、教学观；后现代主义的课程观；人本主义教育理论；关于学生发展核心素养方面的主要理论研究成果，如中国学生发展核心素养总体框架，国际经济合作与发展组织（OECD）所确定的三个维度九项素养架构，欧盟（EU）通过的关于核心素养的建议案所包括的母语、信息素养、学习能力等八个领域，联合国教科文组织（UNESCO）基于人本主义思想提出的核心素养，即从“工具性目标”转变为“人本性目标”，在基础教育阶段尤其重视身体健康、社会情绪、文化艺术、文字沟通等七个维度的核心素养；美国“21世纪素养”框架，以核心学科为载体，确立了三项技能领域，分别是学习与创新技能、信息媒体与技术技能、生活与职业技能，每项技能领域下包含若干素养要求；新加坡学生“21世纪素养”框架，核心价值观包括尊重、负责、正直、关爱、坚毅不屈、和谐。这诸多的理论研究或实践成果，也是我们推进高职通识教育课程体系建设的有益借鉴，我们要认真对其进行“扬弃”。

（二）课程建设的现实依据

将中华优秀传统文化教育科学、合理融入高职通识教育课程体系，推进新时代高职通识教育课程体系建设，依托课程载体，有效开展中华优秀传统文化教育，必须全面贯彻落实党的教育方针，即教育必须为社会主义现代化建设服务、为人民服务，必须与生产劳动和社会实践相结合，培养德智体美劳全面发展的社会主义建设者和接班人，这是我们通识教育课程体系建设的基本遵循。要对标党和国家的关于教育、职业教育，关于人才培养、创新驱动，关于中华优秀传统文化教育及推动中华优秀传统文化创造性转化、创新性发展等方面的精神、政策和要求，如党的二十大报告，习近平总书记对职业教育所作出的重要指示，习近平总书记在学校思想政治理论课教师座谈会上的重要讲话，《关于全面加强新时代大中小学劳动教育的意见》《新时代爱国主义教育实施纲要》《中国教育现代化2035》《国家职业教育改革实施方案》《关于加快发展现代职业教育的决定》《高等学校课程思政建设指导纲要》《新时代高校思想政治理论课教学工作基本要求》等文件要求。

推进新时代高职通识教育课程体系建设，要准确把握新时代高职通识教育课程体系建设的客观现实依据。经济全球化，人类命运共同体理念与实践更加深入人心，实现中华民族伟大复兴进入了不可逆转的历史进程与世界百年未有之大变局加速演进，首都“四个中心”功能定位，京津冀一体化发展，我国高新技术发展规划，职业教育类型化发展，创新驱动发展战略，用人单位对高职毕业生的素质要求，高职学生的实际状况及其成长、发展诉求等，则是我们建构通识教育课程体系的客观现实依据；学科发展规律、发展状况和要求等，也是高职通识教育课程体系建设的重要依据。

（三）课程建设的方法论

在建构高职通识教育课程体系过程中，我们要坚持引领学生全面发展的课程观，构建“五育并举”的通识教育课程体系，深化课程思政建设，将中华优秀传统文化教育有效融入课程建设，建设有根、有魂的高职通识教育课程；坚持开放的课程观，建构迭代创新发展的通识教育课程体系；坚持通识教育课程建设要紧紧围绕落实立德树人根本任务，满足学生发展多元需要，满足经济社会发展诉求的课程观，体系化、特色化建构基于德智体美劳不同基本素质教育板块的通识教育课程群、课程集群。坚持以社会主义核心价值观为引领，把高职通识教育课程体系建立在对党的理论创新成果、对中华优秀传统文化、对中国近现代职教思想高度自信基础之上，避免炒概念、做加减题式的创新，真正做到不浮不躁、行稳致远，建设起能够有效承载中华优秀传统文化教育功能的高质量高职通识教育课程体系。

四、建构基于“五育并举”“八维架构”的通识教育课程体系

全面贯彻党的教育方针，落实立德树人根本任务，坚持以生为本、服务发展、促进就业的课程建设导向，围绕通用素质、能力教育，从八个维度，将“德智体美劳”细化为思想政治教育、人文素质教育、创新能力教育、体育、心理健康教育、美育、劳动教育、

职业素养教育等八个具体的通用素质教育板块，以此“八位建构”建构八大通识教育课程群，由此八大课程群构成通识教育课程体系。将“五育并举”原则贯穿于课程体系建设全过程，为培养具有红色基因、健康身心素质、良好人文素养、突出创新能力，具有一定的审美能力，劳动素质高、职业素养突出的德智体美劳全面发展的高素质技术技能人才、能工巧匠、大国工匠提供高质量的高水平课程体系支撑。

五、基于素质教育板块维度的八大课程群

对标党和国家政策要求，结合高等职业院校实际，规范推进基于八大素质教育板块的高职通识教育课程群建设，为高职院校人才培养目标实现，提供坚实的课程保障。需要强调的是，在推进基于八大素质教育板块的高职通识教育课程群建设的过程中，要严格按照党和国家要求，高质量开展课程思政建设，使思政课程与课程思政形成协同育人效应。

（一）思想政治教育类课程群

1. 建设目标

充分发挥思想政治理论课在立德树人中的关键课程作用，结合高职实际，按照循序渐进、螺旋上升的原则，立足于思政课的政治性属性，对各学段思政课课程目标进行一体化设计，中职阶段（贯通）重在提升学生的政治素养，体现职业教育特色，大学阶段（高

职、贯通）重在增强学生的使命担当。以了解学习、理解把握习近平新时代中国特色社会主义思想为课程主线，在政治认同、家国情怀、道德修养、法治意识、文化修养等方面提出明确要求，引导学生深刻领悟“两个确立”的决定性意义，增强“四个意识”、坚定“四个自信”、做到“两个维护”，努力成为德智体美劳全面发展的高素质技术技能人才、能工巧匠、大国工匠。

2. 课程设置

在建设思想道德修养与法治、毛泽东思想和中国特色社会主义理论体系、形势与政策必修课基础上，重点强化习近平新时代中国特色社会主义思想进课程进教材，培育和践行社会主义核心价值观教育；贯通中职阶段建设思想政治课，与本科阶段建设中国近现代史纲要、马克思主义基本原理等有效衔接；开展选择性必修课建设，重点开设习近平新时代中国特色社会主义思想、党史、新中国史、改革开放史、社会主义发展史、宪法法律、中华优秀传统文化、首都红色文化等相关课程。

3. 建设措施

对标政策要求，结合实际，统筹学校通识教育类课程建设，围绕马克思主义经典著作，党史、新中国史、改革开放史、社会主义发展史，中华优秀传统文化、革命文化、社会主义先进文化，宪法法律等，开设选择性必修课程，确保学生至少从“四史”中选修 1 门课程；安排选择性必修课程必要学时，充分发挥马克思主义学院统筹审核把关作用；规范实践教学，把思想政治教育有机融入社会实践、志愿服务、实习实训等活动中，切实提高实践教学实效；要切实加强领导，认真组织实施，确保学时学分和教学质量；针对教材重点内容和难点问题，组织开展思政课教师全员培训、专题研修，确保实现全覆盖；统一使用国家统编教材，组织教师加强教材重点难点的研究，准确把握教材的基本精神和主要内容；切实提高思政课教师综合素质，努力打造一支政治要强、情怀要深、思维要新、视野要广、自律要严、人格要正，专职为主、专兼结合、素质优良、数量充足的思政课教师队伍；做好教材内容向教学内容的转化，组织教师编写教案、制作课件、整理案例，切实把教材体系转化为教学体系。

（二）人文素质教育类课程群

1. 建设目标

人文素质本质上是人的内在品质，人文是人类文化中的先进部分，集中体现的是重视人、尊重人和关心人。人文知识、人文态度是人文素质的基础，人文精神是其核心和灵魂。人文素质类课程主要是在社会主义核心价值观指导下，提升学生做人做事素质的课程。课程要结合学生所学专业，从生活、学习、职场角度，在诚实守信、敬业奉献、首善意识、担当精神、服务意识、人文意识、生态文明等方面展开综合人文素养的培养，让学生在人文知识的学习和人文环境的熏陶中能够学到、悟到、习得人而为人以及人之于社会的价值和意义。

2. 课程设置

大学语文、科学思维、有效沟通、生涯规划、中华优秀传统文化、中国古代思想史概览、中国近代政治思想史、“一带一路”国家文化、大学生交际与礼仪、大学生就业指导、中国旅游名胜、世界文化旅游名胜、中国茶道、外国语、商务基础、奥林匹克历史文化、生态文明等。

3. 建设措施

人文素质教育类课程通过讲解、角色扮演、情景模拟、讨论分享、案例分析等教学方式提升学生的人文知识和涵养，在促进学生知识技能发展的同时，逐步提高其情境分析、问题诊断、理论概括和归纳等能力，同时促使学生能够在未来与同事、上级、客户达成有效沟通，在日常生活及职业场所形成并维系良好的人际关系。该课程群具体包括生活类、历史类、语言类、文化艺术类、职场沟通类课程。基于学校信息化教学平台通过建立图片库、音视频库、试题库、案例集、微课库等立体化资源帮助学生了解人文素质教育的重要意义和基本方法，掌握人文知识和职业沟通基本技巧，培养学生的沟通能力，从而提高学生作为职业人的综合素质。使学生能够结合自身专业，在日常生活及职场中与他人进行有效沟通，提高工作效率，从而实现本课程群的素质教育目标。

（三）创新能力教育类课程群

1. 建设目标

创新能力教育类课程群的建设目标是以学生创新素质教育为主题，以提高人才培养质量为核心，以创新课程建设为重点，以创新思维训练和创新方法的学习为基础，以创业的逻辑和要素为脉络支撑，建设起能够有效拓展学生创新创业知识、培养学生创新创业精神、激发学生创新创业动力、提高学生创新创业能力的特色课程群。

2. 课程设置

创新创业教育与实务、创新能力训练、人工智能基础、大数据 ABC、认识区块链、新能源概要、高职生创业指导、5G 及其应用场域、如何做好调查研究、中国的科技创新、如何提高领导力、财务管理基础、“互联网 +”创新创业大赛准备、数学建模、文献检索、信息处理能力训练、自我学习能力训练、解决问题能力训练等。

3. 建设措施

创新能力教育类课程群建设要对标国家关于创新创业教育政策精神，以提升高职学生的创新创业精神、创新创业实践能力为切入点，以培养高素质技术技能人才、能工巧匠、大国工匠为培养目标，开展课程建设与设计。课程设计强调教师的主导作用和学生的主体作用，注重对学生学习方法与能力的培养，采用模块化教学，每个模块下设若干项训练任务，每一项任务均从培养学生创新意识和提升创新创业能力的视角进行教学设计，使学生学会运用创新方法思考和解决问题，并能有效运用在创新创业实践中。课程内容以“创新思维训练—创新方法学习—创业模式认知—创业实践活动”为主线，逐级建立由创新到创业的科学逻辑体系，同时以任务教学法为核心，“做、学、教”融为一体，培养学生创新思维，提高学生解决问题的能力，掌握创新创业相关的基础知识，具备一定的创业精神，提高学生实践应用能力。

（四）体育类课程群

1. 建设目标

使学生掌握体育知识，培养学生体育运动能力，提高学生运动技术水平，增强学生体质；培养学生的勇敢、顽强、进取精神，增强组织纪律性，培养团队精神和良好的体育道德；使学生形成自觉参加体育锻炼的意识，促进良好运动习惯养成，提高体育文化素养，有效地增进学生身心健康，为生涯发展打下良好的身心素质基础。

2. 课程设置

体育基础知识、体育文化、体育精神、排球技术、篮球技术、柔力球技术、健美操、轮滑技术、乒乓球技术、手球技术、跆拳道技术、太极拳技术、体育舞蹈、形体训练、瑜伽、羽毛球技术、足球技术、营养与健康、体育欣赏、网球技术。

3. 建设措施

通过进行体质健康测试和篮球、排球、短跑、中长跑、跳跃、太极拳等项目教学，完成学生体质健康各项目的知识讲解和学生体质健康状况的测量，使高职学生身体素质状况达到国家的基本要求。根据高职学生的生理解剖特点，教育、引导、组织学生有计划地锻炼，促进他们形体形态的正常生长、生理机能的正常发育，全面发展人体素质和人体的基本活动能力，以收到增强体质之实效。

按照学生的认识规律和生理发育规律，课程内容要贯彻“少而精”的原则，突出重点，注意课程内容的科学性和系统性，结合学校特点及条件，由简到繁、由易到难，系统地安排课程教学内容。让学生正确认识体育课的重要意义，认真学习和掌握体育的基本知识和卫生知识，学会正确掌握体育技能和科学锻炼身体的方法，能为终生体育锻炼、有效增强体质打下良好的基础。

（五）心理健康教育类课程群

1. 建设目标

根据高职学生心理发展特点，应用有关心理教育方法和手段，培养学生良好的心理素质，促进学生身心全面和谐发展和素质全面提高。课程学习的最终目的是开发智能，促进学生人格健全、和谐发展。通过该课程群的学习，学生能够了解心理发展机制、特点及规律，掌握形成良好心理素质和健全人格的理论与方法；提高自身应用心理学原理解决实际问题的能力，促进身心健康，顺利适应大学生活，不断提高心理素质，从而健康成长发展。

2. 课程设置

心理健康教育、心理健康普查与干预、心理健康咨询、职业沟通训练、科学思维训练、行动导向训练等。

3. 建设措施

心理健康教育类课程群侧重于让学生在掌握心理健康基本知识的基础上，引导学生体验心理活动情境或案例情境，借助情绪表达和团队活动，在教师的引导下，解决学生存有的心理困惑与难题。为了提升教学效果，建议采用小组协作授课形式，心理健康教育类课程整体关注个人与环境的关系、个人与自己的关系、个人与他人的关系、个人与生命的关系等领域，重点学习健康从“心”开始、成长从适应开始、发展从学习开始、走进真实的自我、学会人际交往、珍爱生命等主题内容。课程采用活动体验、案例分析、研讨交流、角色扮演等多种教学方法，学生通过团体内人际交互作用，在交往中观察、学习、体验，认识自我、探讨自我、接纳自我、完善自我，提高心理能力，学习解决心理困惑与问题，获得心理成长。心理健康教育类课程对教师综合素质要求较高，教师要了解学生、有足够的经验与阅历、有团队工作资历与能力，同时要求学生能够开放自我，具有自我探讨的愿望、能力以及一定的表达能力。

（六）美育类课程群

1. 建设目标

美育与人的生活有着密切的关系。美育是最重要、最基础的人生观、价值观教育。本类课程围绕审美的基本问题，针对当前高职生的审美困惑与当前的审美现象，阐释审美观与健康人生观的关系。课程融合哲学、文学艺术、心理学等内容，强调审美的情感，通过审美把人从感性提升到理性、个体提升到集体、物质提升到理想等，从而使学生走上健康、健全、健美的人生之路。

2. 课程设置

美学与人生、书画艺术欣赏、音乐基础、音乐作品欣赏、中国艺术文学史、唐诗宋词赏析、建筑美、舞蹈赏析、西方美学简介、学会审美等。

3. 建设措施

在课程内容的设定上，围绕审美的基本问题展开，阐释正确的审美观与健康的人生观的关系以及对我们人生的影响，改变学生对美理解时存在的孤立、片面的现象，认真体会并感悟人生中的美学和美学中的人生。课程融入哲学、心理学、文学等方面的内容；在学习美学的基本理论观点的同时，结合学生学习生活实际、迷茫与困惑，帮学生发现问题、分析问题、解决问题，调整自己，挖掘自身潜能，打造美好人生；教学方法主要采用讲授法、讨论法、提问法、小组学习法、案例教学法、头脑风暴法等。

（七）劳动教育类课程群

1. 建设目标

劳动教育类课程旨在通过劳动教育，使学生能够理解和形成马克思主义劳动观，牢固树立劳动最光荣、劳动最崇高、劳动最伟大、劳动最美丽的观念；体会劳动创造美好生活，体认劳动不分贵贱，热爱劳动，尊重普通劳动者；培养学生爱岗敬业、争创一流、艰苦奋斗、勇于创新、淡泊名利、甘于奉献的劳模精神，崇尚劳动、热爱劳动、辛勤劳动、诚实劳动的劳动精神，执着专注、精益求精、一丝不苟、追求卓越的工匠精神；具备满足生存发展需要的基本劳动能力，形成良好劳动习惯。

2. 课程设置

劳动教育、日常生活劳动、服务性劳动、生产劳动、把劳动教育与实习实训及顶岗实习相结合、劳动教育与创新创业实践相结合等。

3. 建设措施

劳动教育类课程，具体以班级为基本单位组织开展集体性的劳动教育活动，课程内容主要围绕劳模精神、劳动精神、工匠精神、劳动组织、劳动安全和劳动法规等方面设计，形成具有综合性、实践性、开放性、针对性的劳动教育课程体系。教师根据统一的教学大纲制订授课计划，拟定教学目标，规划劳动教育任务以及学习形式等；在实施中，任课教师要充分考虑学生的生活实际和个别差异等情况，教学方法上注重好理论与实践的结合；任课教师要按照教学规范做好学生考勤工作，学生要按照教学要求积极参加劳动教育课学习；每学期课程教学结束，任课教师要对课程实施情况进行总结并填写教学总结表，分享交流教学心得，对完善《劳动教育与实践》课程提出意见建议。

（八）职业素养教育类课程群

1. 建设目标

紧紧把握新时代职业教育的历史方位，唤醒学生对职业生涯发展的自主意识，引导学生树立积极正确的人生观、价值观和就业观念。围绕责任意识、安全意识、质量意识、团队合作、沟通交流、文字表达、人际交往等模块开展教学与实践，帮助学生了解提升职业素养的基本方法，树立责任意识、质量意识，掌握职业沟通基本技巧，从而培育、提高学生作为职业人的综合素质。

2. 课程设置

社交礼仪、就业指导、办公软件高级应用、个人形象设计、工具软件应用、现代企业管理、市场营销、人力资源管理、安全意识与技能、摄像摄影技巧、照片视频后期制作、办公软件高级应用、时间管理、数学应用等。

3. 建设措施

依据高职生自身的认知特点、课程特征、具体学情等进行教学设计。课程强调“以学生为中心”，注重学生学习方法和能力的培养，学生通过完成预设的工作任务，“教、学、做”融为一体，让学生“在学中做、在做中学”，提升其沟通、交流及实践应用能力；教学方法以任务驱动为核心，主要采用情境模拟、案例分析、研讨交流、角色扮演、头脑风暴等多种教学方法；教学模式采用“双向互动”模式，即以任务为驱动力，教师引导、促进、升华，学生探索、实践、合作，在课堂和课外的师生互动、生生互动中达成预设的教学效果；考核上注重实践考核，通过对学习过程的行为表现和理论知识应用能力的评价，考查学生对知识的掌握和能力形成情况。

坚持“五育并举”，建构基于“八维架构”的新时代高职通识教育课程体系，规范推进通识教育课程思政建设，将中华优秀传统文化教育有效融入其中，以高质量的课程建设支撑高职院校人才培养目标实现，让中华优秀传统文化深深植根于师生的心中。

第五章

『四维』建构体系：中华优秀传统文化教育融入高职通识教育课程的内涵体系架构

中华文化，浩如烟海、博大精深，中华优秀传统文化是中华民族的根和魂，是中华民族独特的精神标识，是中华民族的文化基因。我国各族人民在中国共产党领导下所创造的人类文明新形态，深深植根于中华优秀传统文化之中。持续推进中华优秀传统文化教育，推动中华优秀传统文化创造性转化、创新性发展，能够为实现中华民族伟大复兴提供强大的精神动力。研究、梳理中华优秀传统文化的内容，把握好中华优秀传统文化教育的维度，科学建构中华优秀传统文化教育融入高职通识教育课程内涵体系，提高中华优秀传统文化教育融入高职通识教育课程体系的水平，增进教育实效，是我们要认真研究的重要课题。在研究分析、梳理归纳制约高职生中华优秀传统文化教育的关键要素、中华优秀传统文化教育的重要维度，以此切入对学生进行教育时，要以新时代要求、学生成长发展需要为依据，要结合专业特点、关联职业发展对人才诉求，要分类精选教育内容，要根据新时代新特点新要求对中华传统文化教育内容进行整合再构，要能够与相应的课程教学内容平滑对接、能够有效融入课程内容中，以中华优秀传统文化教育强壮课程之筋骨、涵育师生之心德。

一、制约“融入”内涵体系建构的要素

习近平总书记强调，中国传统文化博大精深，学习和掌握其

中的各种思想精华，对树立正确的世界观、人生观、价值观很有益处。把中华优秀传统文化教育融入高职通识教育课程体系，以中华优秀传统文化中的核心价值观念、道德规范、人文精神涵养师生的家国情怀，滋养师生的道德品质，促进学生健康成长、全面发展，切实把立德树人根本任务落到实处，是新时代对高等职业教育发展的基本要求，也是深化高职院校课程教育教学改革创新的重要举措。全面、深入把握职业教育教学规律、课程建设规律、课程思政教育规律，建构“融入”内涵体系，对规范、引领教师高质量开展基于通识课程教学的中华优秀传统文化教育，进一步提升教书育人水平和成效极具价值。

建构“融入”内涵体系，需要厘清影响该内涵体系建构的各相关因素。影响、制约该内涵体系建构的因素较多，其主要有政策精神、高等职业教育特点、教师综合职业素养、学生实际情况、课程所设定的优秀传统文化教育目标、课程教学内容、数字赋能“融入”状况等七大要素。

习近平总书记关于中华优秀传统文化教育、职业教育的重要讲话、重要指示精神，党和国家关于中华优秀文化教育传承和弘扬的政策要求，是中华优秀传统文化教育融入高职通识教育课程体系的基本遵循和重要依据。在建构“融入”内涵体系时，务必要对标政策精神，以保证“融入”内涵体系的方向性、科学性。例如，习近平总书记在全国宣传思想工作会议上的重要讲话中强调，中华优秀传统文化是中华民族的文化根脉，其蕴含的思想观念、人文精神、道德规范，不仅是我们中国人思想和精神的内核，对解决人类问题也有重要价值。中共中央办公厅、国务院办公厅印发的《关于实施中华优秀传统文化传承发展工程的意见》中，对实施中华优秀传统文化传承发展的主要内容，从核心思想理念、中华传统美德、中华人文精神三大方面进行了明确界定。习近平总书记的重要讲话、重要指示精神，党和国家的政策要求，为建构“融入”内涵体系指出了明确方向、提供了基本遵循，务必要准确把握、规范践行。

高等职业教育简称高职教育，其是我国高等教育的重要组成部分，包括高等职业专科教育、高等职业本科教育、研究生层次职业教育。职业教育与普通教育是两种不同教育类型，具有同等重要地位，高等职业教育也是我国职业教育体系中的高层次教育。高等职业教育有其自身特点，其既是我国高等教育的有机组成部分，也是我国职业教育体系中不可或缺的一部分，也就是说，高等职业教育是具有突出的职业教育特质的高等教育。高等职业教育的这一特点，对“融入”内涵体系建构的影响在于若使所建构起来的内涵体系具有针对性，能够较好地与应用场景契合，则该内涵体系要与学生所学专业、所学专业所对应的职业岗位群有内在的逻辑关联。有了这样的内在逻辑关联之后，授课教师在课程教学过程中，在恰当的融入点，把中华优秀传统文化教育的相关内容，以灵活的方式呈现给学生时，才能让学生感到此时此地、此情此景，学习研讨此类内容，以如此顺滑的方式，受到中华优秀传统文化教育、熏陶，应当是课程教学过程中一个自然而然且重要的组成部分。虽然教师着意化育学子，但其教育内容、过程却自然天成，润心无声，育德无痕。

教师是“融入”内涵体系建构的主体力量，教师的综合职业素养对“融入”内涵体系建构亦有着重要的影响。教师政治、文化素养的高低，直接影响到“融入”内涵的选取、阐释以及支撑材料的整合、加工与使用。教师的教学业务素养也会影响到“融入”内涵体系的呈现形式、结构等方面、环节；学生的实际是建构“融入”内涵体系的重要依据、逻辑基础，抛开学生实际而建构起来的“融入”内涵体系是没有意义的。我们可以从多角度来观察学生实际，例如学生所学专业特点，学生既有的文化素养，学生对知识、能力与素质的真实需要，学生学习的积极性和主动性，学生的学习基础与能力，学生的心理素质状况等，要在深入分析、精准把握学生实际的基础上，有针对性建构“融入”内涵体系。

要围绕所设定的中华优秀传统文化教育融入高职通识教育课程体系的目标而建构“融入”内涵体系，所建构的“融入”内涵体系要能够有效支撑预设目标的充分实现；“融入”内涵体系以及该体系之下各具体课程的“融入”内涵，要与课程教学内容相匹配，围绕课程教学内容去挖掘中华优秀传统文化元素、设置“融入”内涵、创制使用与课程教学内容有着内在逻辑关联的中华优秀传统文化教育内涵，不能是“两张皮”。数字技术的飞速发展极大地促进了教育手段、教育方式的变革，极大地促进了教育水平和成效的提升。同理，数字技术也有效助力了中华优秀传统文化教育融入高职通识教育课程的方式创新，数字技术通过赋能教学主体，会进一步提升师生的数字素养，通过赋能教学手段，能进一步提升信息输入输出的水平和教学实效等。无疑，数字赋能引发的这诸多变革，对“融入”内涵体系结构、呈现方式及融入效率均会产生重要影响。

二、“四维”建构“融入”内涵体系

习近平总书记指出，要挖掘中华优秀传统文化的思想观念、人文精神、道德规范；只有全面深入了解中华文明的历史，才能更有效地推动中华优秀传统文化创造性转化、创新性发展。遵循习近平总书记关于中华优秀传统文化传承发展方面的重要讲话精神，对标《关于实施中华优秀传统文化传承发展工程的意见》等文件政策要求，我们从语言文字、核心思想理念、传统美德、人文精神四个维度研究、设计中华优秀传统文化融入高职通识教育课程内涵体系。

语言文字维度是建构“融入”内涵体系的重要维度。语言文字是文化的载体，是最基础的文化元素，是文化本身的重要组成部分。汉语言文字是中华文化的载体，是中华文化的最基础的文化元素，是灿烂的中华文明的重要内容之一。语言文字具有强大的凝聚、纽带、桥梁作用，其关乎国家统一、民族团结，关乎经济发展、社会进步，语言文字对历史文化传承、民族文化认同具有重大价值。

对于汉字的起源，虽然我国古代文献记载不一，但是我们大家耳熟能详的是仓颉造字。《淮南子》《世本》对仓颉造字皆有记载，仓颉被尊称为“造字圣人”。我们的先人聪慧，例如仓颉，受奎星环曲走势、龟背纹理、鸟兽踪迹、山川形貌及手掌指纹之启示，创造最早的象形文字，即汉字。在汉字发展、演变的历史进程中，先后有甲骨文、金文、篆书、隶书、楷书、行书等字体出现。殷商甲骨文，苍朴古拙；周时金文，质朴厚重；秦之小篆，工巧均衡；汉隶严谨，流畅飘逸；唐宋行草，浮云游龙；明清楷书，典雅雍容。纵然历史演绎出诸多兴亡、更迭湮灭了一时风骚，那一个个“会说话”的中华文化符号却依然熠熠生辉，不间断地向世界讲述着感人的中华故事。习近平总书记在殷墟遗址考察时指出：“中国的汉文字非常了不起，中华民族的形成和发展离不开汉文字的维系。”汉字在中华民族、中华文化发展进程中发挥出重大作用。国学大师陈寅恪曾说“凡解释一字即是作一部文化史”。汉字是记录汉语的书写符号，是中华文化的载体，对民族文化发展具有重大意义。鲁迅先生有言：汉字有三美，意美以感心，音美以感耳，形美以感目。汉字的表象功能，可以让我们在传递深层的复杂的信息之外，还能领略到汉字美妙的意境之美，带给我们心灵享受；汉字的四声之别，赋予了汉字强大的音韵、情感表达力，其抑扬顿挫的音韵美，能够让人赏心悦耳；汉字独特的字体结构、不同的字体，使得书写出的文字具有其他文字所不可比的文字美感，能够涵养心性、陶冶情操，予人以至美的精神享受。因此，随着汉字的发展变化，在中国历史上涌现出一个又一个书法大家，留下了一篇篇惊世之作，丰富了中华文化的内涵，促进了中华优秀传统文化的发展。

汉语言文字承载着厚重的中华优秀传统文化，是中华民族生生不息、永续发展的营养和动力源泉，是中华民族宝贵的精神财富，我们为拥有如此伟大的语言文字而骄傲。有效开展汉语言文字教育，让学生理解掌握其中所蕴含的丰富的文化内涵和意蕴，有效润心育德，是新时代赋予我们的责无旁贷之责任。

中华优秀传统文化中所蕴含的核心思想理念、中华传统美德、中华人文精神等都是建构“融入”内涵体系的重要维度。中华民族和中国人民在漫长的历史发展进程中，在修齐治平、尊时守位、知常达变、开物成务、建功立业过程中培育和形成的基本思想理念、传统美德、人文精神是中华民族生生不息发展，中国人民自强不息、勇毅前行的强大的动力源。传承发展中华优秀传统文化，要学习掌握、践行弘扬中华优秀传统文化中的讲仁爱、重民本、守诚信、崇正义、尚和合、求大同等核心思想理念；要学习、内化、践行、发展好中华优秀传统文化所蕴含的道德理念与规范，如天下兴亡、匹夫有责的担当意识，精忠报国、振兴中华的爱国情怀，崇德向善、见贤思齐的社会风尚，孝悌忠信、礼义廉耻的荣辱观念，体现着评判是非曲直的价值标准，潜移默化地影响着中国人的行为方式。将自强不息、敬业乐群、扶危济困、见义勇为、孝老爱亲等中华传统美德有针对性地融入高职通识教育课程中。

中华优秀传统文化蕴含丰富的人文精神，如求同存异、和而不同的处世方法，文以载道、以文化人的教化思想，形神兼备、情景交融的美学追求，俭约自守、中和泰和的生活理念等，这是中华民族历史发展进程中积淀、形成的宝贵的精神财富，是中国人民思想观念、风俗习惯、生活方式、情感样式的集中表达，对中华民族的发展和中国人民的生活、追求有着深刻影响。我们要结合课程特点，把中华优秀传统文化中所蕴含的人文精神教育，有针对性地融入各门课程教学中，把中华优秀传统文化教育切实落到实处。

在把中华优秀传统文化教育融入高职通识教育课程体系时，无需面面俱到，不能期望把所有语言文字、核心思想理念、传统美德、人文精神的全部要素，或其中一大类的全部要素都融进一门课程或一类课程群中。一门课程究竟有多少项中华优秀传统文化元素融进来，不可机械地进行界定，要根据具体情况作出判断、设计，如不同的课程、不同的授课教师、不同的授课专业、不同的授课班级等，其具体融入情况是不同的。根据我们的实践经验，一般而言，可以根据具体课程内容，在一门课程中设置 16 个左右的融入点，也就是把 16 个左右的中华优秀传统文化元素融进来，具体“融入”内涵，可以是中华优秀传统文化中的语言文字、核心思想理念、传统美德、人文精神四大方面中一至两个方面的若干中华优秀传统文化元素。在建构“融入”内涵体系时，还要注重支撑“融入”内涵的传统文化教育资源建设，例如以数字技术制作的关于语言文字、诗词歌赋、琴棋书画、茶道花艺、中医美食、建筑服饰等中华优秀传统文化教育资源，以便增强中华优秀传统文化教育的趣味性、生动性、感染力和实效性。中华优秀传统文化教育融入高职通识教育课程情况，可以通过以下中华优秀传统文化教育融入高职通识教育课程情况表呈现出来（见表 5.1）。

表 5.1　中华优秀传统文化教育融入高职通识教育课程情况

序号	课程群名称	中华优秀传统文化教育融入维度及内涵情况		样例课程	中华优秀传统文化元素融入样例课程情况
1	思政教育课程群	语言文字	汉语言文字产生发展史、语言文字美、文学艺术家及其成就、语言文字的价值意义	思想道德修养与法律基础	汉语言文字产生发展史、语言文字美、语言文字的价值意义
		思想理念	讲仁爱、重民本、守诚信、崇正义、尚和合、求大同		讲仁爱、守诚信、崇正义、尚和合
		道德规范	自强不息、敬业乐群、扶危济困、见义勇为、孝老爱亲		敬业乐群、扶危济困、见义勇为、孝老爱亲
		人文精神	求同存异、和而不同的处世方法，文以载道、以文化人的教化思想，俭约自守、中和泰和的生活理念		求同存异、和而不同的处世方法，文以载道、以文化人的教化思想，俭约自守、中和泰和的生活理念
2	人文教育课程群	语言文字	汉语言文字产生发展史、文学艺术成就、语言文字的历史价值意义	沟通与交流	汉语言文字产生发展史、文学艺术成就等
		思想理念	讲仁爱、守诚信、崇正义、尚和合		守诚信、崇正义、尚和合
		道德规范	敬业乐群、扶危济困、孝老爱亲		敬业乐群、孝老爱亲
		人文精神	求同存异、和而不同的处世方法，文以载道、以文化人的教化思想，俭约自守、中和泰和的生活理念		求同存异、和而不同的处世方法
3	创新教育课程群	语言文字	汉语言文字产生发展史、六书的意涵、书法艺术、创造性转化与创新性发展	创新创业教育与实务	汉语言文字产生发展史、书法艺术、创造性转化与创新性发展
		思想理念	守诚信、崇正义、尚和合		守诚信、崇正义、尚和合
		道德规范	自强不息、敬业乐群		自强不息、敬业乐群
		人文精神	求同存异、和而不同的处世方法，文以载道、以文化人的教化思想		求同存异、和而不同的处世方法

（续表）

序号	课程群名称	中华优秀传统文化教育融入维度及内涵情况		样例课程	中华优秀传统文化元素融入样例课程情况
4	心理健康教育课程群	语言文字	汉语言文字之美、文学艺术之美，文学艺术赏析及文学艺术家故事	心理健康教育	汉语言文字之美、文学艺术之美，文学艺术赏析及文学艺术家故事
		思想理念	讲仁爱、守诚信、尚和合		讲仁爱、守诚信、尚和合
		道德规范	自强不息、敬业乐群、孝老爱亲		自强不息、敬业乐群
		人文精神	求同存异、和而不同的处世方法，俭约自守、中和泰和的生活理念，宋明理学之要及价值		求同存异、和而不同的处世方法，俭约自守、中和泰和的生活理念
5	体育课程群	语言文字	汉语言文字产生发展史、文学艺术对体育之价值、文学艺术家故事	体育	文学艺术对体育之价值、文学艺术家故事
		思想理念	讲仁爱、崇正义、尚和合		讲仁爱、崇正义、尚和合
		道德规范	自强不息、扶危济困、见义勇为		自强不息、扶危济困、见义勇为
		人文精神	求同存异、和而不同的处世方法，形神兼备、情景交融的美学追求		求同存异、和而不同的处世方法，形神兼备、情景交融的美学追求
6	美育课程群	语言文字	语言文字之美、文学艺术家及其成就、文学艺术赏析、语言文字的价值意义	美学与人生	语言文字之美、文学艺术家及其成就、文学艺术赏析
		思想理念	讲仁爱、尚和合、求大同		讲仁爱、尚和合
		道德规范	自强不息、敬业乐群、孝老爱亲		自强不息、孝老爱亲
		人文精神	求同存异、和而不同的处世方法，形神兼备、情景交融的美学追求		求同存异、和而不同的处世方法，形神兼备、情景交融的美学追求

（续表）

序号	课程群名称	中华优秀传统文化教育融入维度及内涵情况		样例课程	中华优秀传统文化元素融入样例课程情况
7	劳动教育课程群	语言文字	汉语言文字发展史、伟大的文学艺术成就、语言文字的重大价值及文学艺术家故事	劳动教育	伟大的文学艺术成就、语言文字的重大价值及文学艺术家故事
		思想理念	守诚信、重民本、尚和合		守诚信、重民本、尚和合
		道德规范	自强不息、敬业乐群、孝老爱亲		自强不息、敬业乐群、孝老爱亲
		人文精神	文以载道、以文化人的教化思想，俭约自守、中和泰和的生活理念		文以载道、以文化人的教化思想，俭约自守、中和泰和的生活理念
8	职业素养教育课程群	语言文字	汉语言文字发展史、六书的意涵、文学艺术成就及赏析、语言文字的重大价值	创新创业教育与实务	汉语言文字发展史、六书的意涵、语言文字的重大价值
		思想理念	讲仁爱、重民本、守诚信、尚和合		守诚信、尚和合
		道德规范	自强不息、敬业乐群		自强不息、敬业乐群
		人文精神	求同存异、和而不同的处世方法，俭约自守、中和泰和的生活理念		求同存异、和而不同的处世方法

三、优化、丰富资源供给，有效支撑“融入”内涵体系建构

中华优秀传统文化教育融入高职通识教育课程内涵体系庞大，其内容涵盖汉语言文字，中华优秀传统文化所蕴含的核心思想理念、传统美德、人文精神等领域。在课程教学过程中，教师在结合具体情况，对学生进行相应内容的中华优秀传统文化教育时，需要有丰富的典型的教学资源支持，以增加教育教学的趣味性、生动

性，优化、提升师生的教学体验，使学生能够结合具体课程内容学习，深入了解、理解、掌握汉语言的价值意义，学习、理解、把握中华优秀传统文化中相关的思想理念、传统美德、人文精神等，助力学生将所学到的价值观念、道德规范、人文精神等内化、外显。

支撑中华优秀传统文化教育的素材极为丰富，这些素材包纳于经史子集里、体现在文化遗存中，既有的素材多以文字、图片、视频等形式呈现。通过数字赋能，将包纳于经史子集里、陈列在展馆中的中华优秀传统文化教育素材，创造性转化为便于教学运用，易于学生接纳的数字素材，如微视频、VR或AR作品等，将有助于学生对教学内容的体验、理解和把握，也有助于增进中华优秀传统文化教育的实效。例如，我们在中华优秀传统文化教育融入高职通识教育课程体系教学资源建设过程中，把我国春秋时期的军事著作《孙子兵法》、明代重要的军事著作《武备志》的概括性介绍等，制作成动漫形式，教师根据需要将其融入军事理论课相关内容教学中，有效引发了学生学习兴趣，助力了学生对中国古代军事思想等相关内容的理解。我们结合线上有关唐诗宋词的学习资源，经过再创造，把经典唐诗十首、经典宋词十首，把“横渠四句”，把《道德经》摘句的吟诵和解读，以微视频形式呈现出来，供教师根据课程教学需要而选择使用；把中华古诗词、古绘画、古戏曲、古建筑、古雕塑、古服饰、古饮食、传统武术、中华传统医学，把大运河文化、古都文化中的思想理念和美学价值，以颗粒化形式，以动漫、视频、VR作品等为载体，予以生动、简约呈现，分类置于云上资源库中，供教师选择使用，对中华优秀传统文化教育融入高职通识教育课程内涵体系的建构与运用给予有效支撑。

适应建设中华民族现代文明的新要求，适应新时代高等职业教育改革发展的新需要，适应高职学生成长发展的诉求，努力建构富有职业教育特点的科学的中华优秀传统文化教育融入高职通识教育课程内涵体系，进一步提高中华优秀传统文化教育的水平和实效，培育更多高素质技术技能人才，为中国式现代化建设提供人才支撑，是我们必须要做实做好的一项重要任务。

四、建构“融入”内涵体系要处理好三种关系

将中华优秀传统文化教育融入通识教育课程体系，结合课程教学对学生进行优秀传统文化教育，需要认真研究、深入认识，并处理好几个方面的关系，也就是中华优秀传统文化教育与具体课程教学内容之间的关系，中华优秀传统文化教育具体内容与中华优秀传统文化融入课程的四个维度即汉语言文字、核心思想理念、中华传统美德、中华人文精神之间的关系，中华优秀传统文化教育与课程思政教育之间的关系。

在本书中我们要研究探索的中华优秀传统文化教育是融入高职通识教育课程中进行的，可以说是依托非专门的中华优秀传统文化教育类课程而进行的中华优秀传统文化教育。这需要结合学科内容、课程特点、学生实际等，在合适的教学环节、教学内容切入点，以自然顺畅的方式，融入课程教学中。也就是说，这样的中华优秀传统文化教育是课程教学的自然的组成部分，而不是僵化的、

没有任何逻辑关联的两部分，更不是把通识教育课程均开设成为优秀传统文化教育课程，在课程教学的哪个环节、哪些节点融入，融入什么样的具体内容、融入多少等，则要根据专业特点、学科特点、课程教学内容、师生的实际等因素而定。

中华优秀传统文化内容浩如烟海、博大精深，中华优秀传统文化教育具体内容也很宽泛，没有统一模板、具体要求。在规划、设计“融入”内容时，要基于“四维”，即汉语言文字、核心思想理念、中华传统美德、中华人文精神等四个维度，将能体现其中一维或多维的中华优秀传统文化的具体内容，如诗词歌赋、书法绘画、武术舞蹈、典章礼仪、建筑服饰、节气习俗、英烈名臣、中华故事、发明创造等具体中华优秀传统文化的内容融入课程教学中，以“四维”统领所选内容，基于“四维”，遴选、加工制作“融入”素材，增进“融入”实效。

正确认识、理解中华优秀传统文化教育与课程思政教育之间的关系，对于有效推进中华优秀传统文化教育融入高职通识教育课程体系，深化课程思政建设具有促进作用。课程思政教育是一个外延相对大的概念，对学生进行中华优秀传统文化教育，增强学生的文化自觉自信，涵养学生的家国情怀，坚定其理想信念，增强其政治认同，是课程思政建设的重要目标任务之一。在推进中华优秀传统文化融入课程体系建设的过程中，要规范执行课程思政建设的基本原则和要求，积极探索基于课程教育进行中华优秀传统文化教育的有效方式，将立德树人根本任务落到实处。

我们要自觉适应新时代要求，自觉适应建设中华民族现代文明需要，自觉适应党和国家对高等职业教育发展的新标准新要求，不断深化中华优秀传统文化教育改革创新，“四维”建构中华优秀传统文化教育融入高职通识教育课程的内涵体系，为中华优秀传统文化的传承和发展作出贡献，为进一步提升高职院校教书育人整体水平和成效提供有效助力。

第六章

路径与方法：中华优秀传统文化教育融入高职通识教育课程体系的路径方法选择

遵循正确的原则，选择正确的路径与方法，是规范推动中华优秀传统文化教育融入高职通识教育课程体系的逻辑使然。对中华优秀传统文化教育融入高职通识教育课程体系的路径方法进行研究和探索，形成若干高质量理论研究和实践成果，以其指导高职通识教育课程建设，深入推进中华优秀传统文化教育融入高职通识教育课程体系，通过通识教育课程教学，对高职生有效进行中华优秀传统文化教育，促进其健康成长和全面发展，为党和国家培育出更多高素质技术技能人才、能工巧匠、大国工匠，是贯彻落实习近平总书记关于中华优秀传统文化教育、职业教育重要讲话、重要指示精神的重要举措，是坚持立德树人根本任务的必然要求。我们要遵循新时代对高等职业教育教学改革创新的新要求，结合课程特点和高职学生实际，认真、系统研究“融入”路径方法，为高质量推进中华优秀传统文化教育融入高职通识教育课程体系提供有效指导和借鉴。

一、选择“融入”路径方法应遵循的原则

根据新时代对高职生的素质要求，遵循中华优秀传统文化的教育传播规律，结合科学技术新发展对教育教学路径、手段与方法的影响，对选择“融入”路径方法应遵循的原则进行研究分析，为选择“融入”路径方法提供指导，将对“融入”工程大有裨益。

在中华优秀传统文化教育的新实践中，有效拓展中华优秀传统文化教育融入高职通识教育课程体系的路径，不断创新“融入”方法，并在“融入”过程中，正确选取其路径与方法，将有效助力“融入”成效的提升及课程教学目标的实现，将有效促进立德树人根本任务落地见效。因此，在推进职业教育改革发展的伟大实践中，我们要认真研究拓展、选取“融入”路径、方法所应坚持的原则，有效拓展、优化“融入”路径，不断创新、丰富“融入”方法，进一步提升“融入”的水平和实效。

坚持以课为基原则。在中华优秀传统文化教育融入高职通识教育课程体系这一系统工程中，要坚持以课为基的原则。把中华优秀传统文化元素融入课程教学，中华优秀传统文化元素成了课程教学内容的有机组成部分，在完成课程教学任务的同时，发挥课程的育人功能，有效对学生进行中华优秀传统文化教育。不能把学科基本理论知识和融入课程中的中华优秀传统文化教育内容看成两个相互独立的部分，亦不能把高职通识教育课程建设成中华优秀传统文化课程。要以课为基，有机融入。所谓以课为基，就是把课程作为基本、基础。课程内容有着其特定的学科属性，完成课程内容学习，掌握学科理论、技能，对满足社会需要、对个人职业生涯发展均极端重要；中华优秀传统文化具有重大的时代价值，中华优秀传统文化教育关乎中华民族现代文明建设，是提升民族整体素质、建设中国特色社会主义文化强国、实现中华民族伟大复兴的重要举措。中华优秀传统文化元素有机融入课程教学中，成了课程的有机组成部分。中华优秀传统文化元素的有机融入，赋予课程以灵魂，使得课程有了根和魂，能有效支撑课程育人功能的发挥。但是即便如此，中华优秀传统文化内容也不能、不会代替学科内容，只会使课程内容更加完善、功能更为健全，更有助于发挥出课程的育人功能，助力实现课程的核心素养培育目标。坚持以课为基，要求我们要辩证地看待二者之间的关系，不可偏废。

坚持从强壮课程筋骨、强大课程灵魂的高度，对待、做好“融入”工作的原则。课程思政与思政课程同向同行，共同形成育人协同效应，促进学生成长发展，有效实现教书育人目标，切实将立德树人根本任务落到实处，是高职院校课程改革创新的重要目标。深入推进课程思政建设，建构起有灵魂、有情怀、有温度的课程，将传授知识、培育能力与价值塑造统一在课程教学过程中，有效培育学生学科核心素养，助力学生成长发展是教师的基本责任、课程的基本功能。课程思政教育内涵丰富，中华优秀传统文化教育是课程思政教育内容的重要组成部分。要从深化课程思政建设，培育、强壮课程筋骨，强大课程灵魂的高度、视角，对待并创造性做好中华优秀传统文化教育融入高职通识教育课程体系这项立德树人工程。在“融入”过程中，要贯彻落实党和国家关于课程建设基本要求，贯彻落实课程思政建设基本要求，以中华优秀传统文化教育的高质量融入，促进课程思政建设水平进一步提升。

强壮课程筋骨、强大课程灵魂，要针对课程教学内容，精心设计、选取相关的语言文字、核心思想观念、经典礼仪制度、传统思维方式中的辩证法、道德情操、自然和谐的生活方式、节气风俗、中华优秀传统文化中的宗教信仰、绚烂的文学艺术、中国古代科技等元素、内容。可以就其中一个或几个方面进行挖掘，“融入”内容要凝炼，要挖掘出其时代价值。例如汉语言文字，可以就汉文字的音韵美、意境美、构形美进行挖掘，经典教育素材真的是触手可及，我们要用心挖掘好、使用好。

中华优秀传统文化教育融入高职通识教育课程体系，要坚持“一体融入”原则。所谓坚持“一体融入”原则是指中华优秀传统文化元素的融入，不是仅仅融入课程教学的某一个或几个环节，而是要融入课程建设的全过程各环节。学校在研究、设计人才培养方案时，要体现中华优秀传统文化教育；教师在进行课程建设时，要有中华优秀传统文化教育融入的自觉；课程标准、具有高等职业教育特色的校本化教材、课程教学设计、辅助教学资源、课程课堂教学、拓展学习、考核与评价等课程教学的各相关方面环节，均需根据课程教学实际，以恰当、灵活方式将中华优秀传统文化元素融入进来。坚持“一体融入”原则的关键在于教师主体的综合素养。归根到底，做好“融入”工作，关键在教师。教师主体的政治站位如何，教师主体对于党和国家关于职业教育、中华优秀传统文化教育政策精神的把握与内化状况，教师主体的文化自觉、自信状况等均会对“一体融入”水平、成效产生重要影响。此外，学生的学情、“融入”质量和丰富度、“融入”手段方式、“一体融入”成效评价、考核激励、“一体融入”氛围等因素也都会对“一体融入”产生某种程度的影响。

要坚持好“一体融入”原则，切实增进“融入”成效，需要学校做好“融入”工作的顶层设计，对学校相关职能部门、二级学院、教研室及教师主体在中华优秀传统文化教育融入课程体系这项系统工程中的责任、工作任务等作出明确界定，以便形成工作合力，有序规范推进“融入”工作；师生的中华优秀传统文化素养是制约“融入”成效的重要因素，教育引导、督促激励师生从建设中华民族现代文明的高度，对待文化素养提升这项工作，积极主动提升自身的中华优秀传统文化素养，为推动中华优秀传统文化创造性转化、创新性发展作出贡献；营造浓郁的中华优秀传统文化教育及教育研究氛围，让师生在潜移默化之中受到影响，不断强化“融入”意识，提升“融入”能力、水平，支撑“融入”工作高水平开展。

坚持提升文化自觉、自信，推进中华优秀传统文化创造性“融入”原则。教师、学生是课程教学的主体。教学主体的文化自觉、自信状况深刻影响到中华优秀传统文化创造性“融入”的水平与成效。要进一步提升师生的文化自觉、自信，增强师生把中华优秀传统文化教育融入课程教学的积极性、主动性，创造性设计优秀传统文化元素在课程教学内容中的融入点，恰当选取、加工、供给“融入”资源，向学生有效传递与课程教学内容高度关联的中华优秀传统文化信息，优化学生的课堂学习体验，增进融入实效，把基于课程教学的中华优秀传统文化教育成效创造性转化为涵养师生家国情怀的实效。

二、中华优秀传统文化教育融入课程体系的路径

通过正确路径，推进中华优秀传统文化教育融入高职通识教育

课程体系，对学生有效进行中华优秀传统文化教育，把中华优秀传统文化中所蕴含的核心思想理念、中华传统美德、中华人文精神有效传递给学生，厚植其理想信念、涵养其家国情怀，助力其成长发展。中华优秀传统文化教育融入高职通识教育课程体系的路径主要有以下诸条。

健全的课程教学规范体系是高职院校课程思政建设的重要方面，也是中华优秀传统文化教育融入高职通识教育课程体系不可或缺的存在，是“融入”的基础性路径。高职院校要科学、规范、有序开展基于课程建设的中华优秀传统文化教育，就必须要有健全的课程思政建设的规范体系，这样的规范体系是课程思政建设的有效保障，也是推进中华优秀传统文化教育融入通识教育课程体系，高质量开展中华优秀传统文化教育的保障。以习近平总书记关于“两个结合”，关于课程思政建设、职业教育、中华优秀传统文化教育，关于推动中华优秀传统文化创造性转化、创新性发展的重要讲话、指示精神作为基本遵循，以中共中央、国务院及教育部关于课程思政建设、中华优秀传统文化教育的政策作为基本政策依据，以新时代对于人才的素质要求作为客观现实依据，以更好满足高职院校学生健康成长和全面发展的内在诉求作为价值追求，制定并逐步健全课程教学规范体系，将中华优秀传统文化教育的目标、任务、规范、要求等融入其中，为后续的“融入”工作奠定坚实基础，这是“融入”的前提，也是“融入”的基本路径。

课程教学设计是有序、高效推进课程教学，有效完成教学任务，顺利实现教学目标的基础。课程思政教育、中华优秀传统文化教育融入课程要落到实处，就要进行合理设计，对于如何利用与教学内容、教学方式方法高度关联的中华优秀传统文化教育资源对学生进行课程思政教育，具体中华优秀传统文化教育在教学中的切入点在哪里，要达成什么样的教育目标，以何样的方式进行中华优秀传统文化教育等问题，都要认真分析、合理设计，使中华优秀传统文化教育有计划、有目的、有举措，以避免盲目、生硬进行教育。因此，教学设计也是我们推进课程“融入”的有效路径之一。

教材是按照课程标准要求编写的教学用书，是课程教学的基本依据，中华优秀传统文化教育融入教材，亦是“融入”的又一路径。对标党和国家要求，根据教学标准，结合学科专业、课程、学校课程思政建设总体方案以及与专业高度关联的职业岗位群对于高职院校毕业生的素质要求，精心设计、选择中华优秀传统文化教育素材，把中华优秀传统文化教育内容适当适度融进教材，供课程教学使用。在把中华优秀传统文化元素融进教学内容时，要根据不同学科专业以及课程特点，紧紧围绕坚定学生理想信念，以爱党、爱国、爱社会主义、爱人民、爱集体为主线，围绕政治认同、家国情怀、文化素养、法治意识、道德修养等，优化课程中华优秀传统文化内容供给，将生动体现中华优秀传统文化核心思想观念、中华传统美德、中华人文精神、哲学思想、审美精神的经典素材融进教材，呈现给师生，系统进行中华优秀传统文化教育，以充分且必要的中华优秀传统文化教育内容供给，高质量满足课程教学需要，满足学生学习、成长与发展需要。

中华优秀传统文化教育融入高职通识教育课程课堂教学是“融

入”的关键路径。课程课堂教学是高职通识教育的主渠道，也是把中华优秀传统文化元素融入课程课堂教学对学生进行中华优秀传统文化教育的主渠道。课程任课教师要对整门课程课堂教学、对每一次具体课程课堂教学所要融进的优秀传统文化元素的融入目的、融入形式、所使用的资源等进行系统设计，并按计划组织实施课堂教学；任课教师要根据具体教学内容和学生实际，以教师讲授、小组合作学习、教师指导学生学习体验、交流分享等形式，以案例教学、任务驱动等教学方法，让学生结合课程内容，对所融入的中华优秀传统文化内容进行学习、体验、感悟、内化，增强文化自觉、自信。学校、教师要积极适应新时代要求，充分运用现代信息技术手段，以数字赋能“融入”，以新时代高职生所喜闻乐见的形式，打造、利用好线下、线上课程课堂教学这一中华优秀传统文化教育的主渠道，高质量推进中华优秀传统文化教育融入高职课程体系，为学生的可持续发展提供丰厚的文化滋养。

课堂教学对中华优秀传统文化教育至关重要。只有通过课堂教学才能把教材体系转化成教学体系，才能利用课程中的中华优秀传统文化教育资源，对学生进行教育引领，让学生通过学习、体验、思考、感悟和内化，从不同的层面、维度，各有侧重地塑造学生的世界观、人生观、价值观，从而使课程思政教育落到实处，使中华优秀传统文化教育落到实处。因此，中华优秀传统文化教育不仅要“进课堂”，而且要高质量“进课堂”。通过高水平“融入”，提升、优化学生的上课体验，基于通识教育课程的中华优秀传统文化教育才会受到学生的欢迎，育人实效性才能进一步增强。例如，在军事课“第三章军事思想之当代中国军事思想”教学中，在进行到“毛泽东军事思想的产生”这部分内容的教学时，在师生共同分析毛泽东军事思想产生的环境和条件之后，教师引导、启发学生：

毛泽东同志是伟大的马克思主义者，伟大的无产阶级革命家、战略家、理论家，是马克思主义中国化的伟大开拓者，是近代以来中国伟大的爱国者和民族英雄，是党的第一代中央领导集体的核心，是领导中国人民彻底改变自己命运和国家面貌的一代伟人。

在漫长的革命生涯中，毛泽东同志对《孙子兵法》等中国古代兵家经典著作有系统而深入的研究，他从中华优秀传统文化中的兵家思想中受到启发。例如在探索中国革命道路的过程，如何以弱小之力量战胜强大之敌人，是摆在毛泽东同志面前的现实问题。解决这个问题，从马列主义经典著作里找不到现成答案，从西方军事著作里更找不到解决问题之道。《孙子兵法》《六韬》《尉缭子》等中国古代兵法著作里有丰富的以弱胜强的思想可供借鉴，毛泽东同志从其中汲取了战胜强大敌人的智慧和力量。大革命失败后，在革命处在危难之际，毛泽东提出了“政权是由枪杆子中取得的”等正确论断，这些论断的提出与其受中国古代兵法思想的启发不无关系。毛泽东同志所提出游击战争“十六字诀”以及我党的三大法宝等，就与《孙子兵法》“知彼知己，百战不殆”“避其锐气，击其惰归”“多算胜，少算不胜，而况于无算乎”等思想有着一定的联系，也是对中华优秀传统文化的创造性发展。作为新时代的高职生，在推进中华民族现代文明建设的伟大征程中，在强国建设、强军建设的时代大潮中，你们该当如何呢？

如此，就把该部分军事课教学内容和基于该部分军事课教学的中华优秀传统文化教育有机融合在一起，平滑晓畅、自然和谐，教育力、感染力充分显现出来。

作为课程思政教育有机组成部分的中华优秀传统文化教育，其教育内容只有为学生所接纳，并内化为其内在需要，课程思政教育才能真正发挥作用，最终实现教书育人目标。基于此，在中华优秀传统文化教育融入课程的实践中，始终把创新教育内容、手段和方法，激发学生学习兴趣，激活学生学习动力，使基于“融入”的中华优秀传统文化教育真正入耳入心、内化外显，才能有效教育、引领学生健康成长、全面发展。

课程实践教学是深化、巩固学生所学课程知识、技能，运用所学知识、技能于具体实践场景的课程教学活动。通过课程实践教学对学生进行中华优秀传统文化教育是中华优秀传统文化教育融入的必要路径。学生进一步去体验、感悟、内化、践行在课堂教学中所学到的中华优秀传统文化中的相关核心思想观念、中华传统美德、中华人文精神，更加深刻地理解、把握中华文明所具有的连续性、创新性、统一性、包容性、和平性，以其启智润心，以其教育、引领学生为强国建设、民族复兴努力学习实践，为建设中华民族现代文明作出应有贡献。

课程体系、素质教育活动体系是学生素质教育的“两翼”。围绕高职通识教育课程教学，设计、开展相应的传统文化主题教育活动，以素质教育主题活动为辅助，深化课程教学，是“融入”的重要路径。从某种意义上讲，这样的素质教育主题活动是课程教学的丰富和拓展，是课程教学的一种生动的实施方式。围绕课程教学的素质教育目标，围绕课程核心素养教育，设计、开展中华优秀传统文化主题教育活动，让学生在具有浓郁的传统文化氛围中沉浸式体会、学习、思考，在对中华优秀传统文化相关思想理念、道德规范、人文精神深入理解、把握的基础上有效内化、外化。

通过把中华优秀传统文化元素融入课程教学资源，对学生进行教育、引领，是“融入”的有效路径。教学资源是课程教学的重要支撑，优质教学资源能有效助力课程教学目标达成。蕴含有中华优秀传统文化元素的课程教学资源，既是学生学习相应课程教学内容的有效助力，又能通过其在教学进程中的运用，对学生进行中华优秀传统文化教育。基于中华优秀传统文化元素融入的高职课程教学资源类型多样，例如文字案例、图片、音频、视频、动漫、VR/AR作品等；课程教学资源中所蕴含的中华优秀传统文化元素也很广泛，教师可以根据具体情况选择使用，例如，课程教学资源可以是以文字材料呈现的体现核心思想观念、传统道德规范的关于中华优秀传统文化的感人故事，也可以是关于中华人文精神的图片、视频等，具体素材内涵，则不一而足，例如诗歌书画、武术舞蹈、美食茶艺、中医中药、建筑服饰、节气民俗等；在基于高职通识教育课程教学的中华优秀传统文化教育过程中，还要注意挖掘地域性传统文化素材，如北京大运河、北京胡同、北京宫毯、北京烤鸭、北京皮影戏等非物质文化遗产素材等。随着科技进步和师生对教学需求的变化，蕴纳中华优秀传统文化元素的数字化、智慧型课程教学资源，对课程教学的价值愈加凸显出来。我们要主动适应新要求，严格对标党和国家政策精神，遵循课程教学规律和高职生认知规律，加快提升师生数字素养，建设好、使用好数字化课程教学资源，进一步拓展、丰富中华优秀传统文化教育融入高职通识教育课程体系的路径。

对课程教学效果进行评价是促进中华优秀传统文化教育融入课程体系的又一重要路径。对于课程教学效果的评价包括对教师教学效果评价和学生课程学习效果评价。在设计课程教学效果评价指标体系时，要充分考虑到中华优秀传统文化教育融入课程教学情况，例如教师课程教学设计、教学 PPT、课堂教学具体过程、师生互动过程、教学资源使用等相关教学环节中中华优秀传统文化元素是否有机融入进来，学生在学习课程教学内容之后，是否受到了中华优秀传统文化教育，例如学生是否对传统文化中所包纳的相关思想观念、道德规范、人文精神有了进一步理解、掌握和内化等。在对中华优秀传统文化教育融入高职通识教育课程的水平成效进行评价时，要综合运用相关评价方式，如结果评价、过程评价等，要善于应用增值性评价。对“融入”成效的增值评价主要是指通过观测学生在经历了一定阶段的课程学习后，如一个学期、一个学年等，在中华优秀传统文化方面的知识、能力、素养等方面的提高、增加情况，来评价学校开展“融入”工作的质量、水平。通过增值评价，我们能够直观地考察、发现“融入”水平、成效或学生在中华优秀传统知识、能力及素养方面的净增长概况，能有效展现学校“融入”实效。我们还可以将“融入”过程中的相关指标与增值效果进行关联性分析，深度挖掘影响中华优秀传统文化教育融入课程体系成效及高职生中华优秀传统文化学习、内化成效的主要因素等。我们要对“融入”成效评价进行认真研究，拓展、使用好中华优秀传统文化教育融入高职通识教育课程体系的这条有效路径。

三、中华优秀传统文化教育融入课程体系的方法

中华优秀传统文化教育融入高职通识教育课程体系的方法多种多样，教学方法选择对“融入”成效有着重要影响。要根据具体课程教学内容和教学环境的变化，推进“融入”方法改革创新。

以“人”动情喻理。结合专业特点、具体课程教学内容，讲好历史人物故事，通过对历史人物故事的讲解，把历史人物故事中所体现的与教学内容高度相关的核心思想观念、道德规范、人文精神，在某种程度上传递给学生，以“人”动情喻理，让学生受到相应的教育、感染、熏陶，让学生明白为人处世、修齐治平之理。历史人物是中华文明史的重要组成部分，历史人物在中华优秀传统文化积淀、传承、发展的历史进程中发挥了重要作用。基于课程教学，以适于新时代高职生的话语风格、话语体系讲解历史人物，民族英雄、帝王将相、历代诸子等能够教育人、感染人、激励人的凝炼故事，均可以根据具体教学需要，以自然融入的方式呈现给学

生，比如陈平忍辱苦读书、汉文帝亲尝汤药、孙康映雪夜读、唐寅潜心学画、北宋司马光的故事、苏轼房梁挂钱、范仲淹断齑划粥等，通过走近、了解、感受“人”，将中华优秀传统文化的丰富内涵呈现给学生，以春风化雨、润物无声之方式，使学生受到中华优秀传统文化教育。

用“典”涵养家国情怀、培育文化自信。这里所谓的“典”，主要是指我国历史发展进程中产生并发挥重要影响的以儒、道、释三家为支柱的诸子百家之学，包括阴阳、儒、墨、名、法、道德、纵横、杂、农、小说、兵、医等各家之学，以及在其基础上，派生、演绎出的琴棋书画、传统文学、传统节日、中国戏剧、中国建筑、语言文字、医学医药、宗教哲学、民间工艺、中华武术、地域文化、衣冠服饰、古玩器物、饮食厨艺、传说神话等。在课程教学过程中，要充分发挥师生的主观能动性，结合具体教学内容，有效使用大数据挖掘技术，恰当选“典”，适当用“典”、适度讲“典”，注重挖掘“典”中蕴含的中华优秀传统文化的核心思想理念、传统美德、人文精神，以其涵养师生家国情怀，培育文化自觉自信。

讲好历史文化故事，以史立德树人。中华文明史源远流长、风华浸远。我们要善于从丰富的历史文化资源中，挖掘、梳理与高职通识教育课程教学内容有着内在逻辑关联的传统文化教育资源，以数字技术赋能教学资源建设，把传统文化中具有潜在育人价值的故事，以新时代高职生所乐于易于接纳的形式呈现出来，使之有机融于高职通识教育课程体系中。结合高职课程教学，讲好中国历史文化故事，教育、感染、激励学生坚定理想信念、增强文化自信，做到以史明志增信、以史立德树人，教育、引领学生为强国建设、民族复兴积极担当作为，如讲好卧薪尝胆、田忌赛马、徙木为信、三顾茅庐、桃园结义、精忠报国等历史文化故事。在讲好历史文化故事、以史立德树人过程中，要注意挖掘、阐释历史文化故事的时代价值，把中华优秀传统文化教育和时代精神教育结合起来，以恰当方式使二者共融于课程教学中。要不断创新基于高职课程教学讲好中国历史文化故事的手段方法，例如教师借助数字资源进行讲授、在教师指导下学生分享、视频或VR/AR作品欣赏、参访、分组交流、座谈、专家学者连线、现场或云上参观展览馆等，以进一步提升“融入”水平。

师生共创、“双关联”融入。教师和学生均是课程教学的主体，在中华优秀传统文化教育融入高职通识教育课程体系过程中，要充分发挥教师主导作用、学生主体作用。也就是说，只有教师和学生的主观能动性都充分发挥出来，才能使“融入”更有成效。师生共创，即在“融入”过程中，师生有效协同，共同推进中华优秀传统文化精髓创造性转化为高职通识教育课程教学内容体系的有机组成部分。教师要站在教师的视角、格局，站在“国之大者”高度，站在通过教育教学增强学生文化自觉、自信的层面，教育、引领学生创造性参与到课程教学内容所蕴含的中华优秀传统文化元素的挖掘，适于课程教学实际的中华优秀传统教育素材的收集、加工、整合过程中，引领、指导学生深入学习、把握，内化、践行在课程教学中所涉中华优秀传统文化的思想理念、传统美德、人文精神等。现代高职生，其数字素养较高，具备一定的运用数字手段设计、制作教育教学资源的能力，教师在提出标准、要求之后，可以指导、鼓励学生结合课程教学所需，从内容和形式两方面将停留在纸上的静态的优秀传统文化教育素材，制作成生动的便于应用的智慧型教辅资源，既提升了学生能力，又支撑了课程教学。充分发挥出教师主导、学生主体的作用，而不是教师独唱独舞。通过课程教学，师生共同受到中华优秀传统的浸润、涵养。

“双关联”融入，是指“融入”内容建构、“融入”方法选取，要和具体专业的具体课程教学内容高度关联，要和师生的学习、生活和工作高度关联。例如，二胡、笛子、古筝、琵琶，中国象棋，中国书法，国画及文房四宝等琴棋书画类中华优秀传统文化元素和我们的兴趣爱好、文化修养紧密关联；京剧、秦腔、昆曲、豫剧、徽剧、皮影戏、黄梅戏、川剧等中国戏剧类传统文化元素和师生的文化生活有密切联系；元宵节、端午节、七夕节、春节等传统节日已深深根植于我们心底；菜系、茶道、酒文化、饺子、汤圆、粽子、月饼等更是我们日常饮食不可分割的部分，也是中华民族生活特质的重要标识；少林武术、咏春拳、武当拳、太极拳、形意拳等中华武术类传统文化元素已融于中华民族的血脉中，中华武术能够有效激励我们强健身心、锤炼意志，能引领、助力我们培育、践行天人合一、以德服人、以人为本、刚健有为、贵和尚中的人文精神。因此，这诸多元素都是上文我们所言及的“双关联”传统文化元素，这些元素恰当融入高职通识教育课程教学中，将会有效引发学生兴趣，优化学生课程学习体验，提升“融入”实效。

深入开展中华优秀传统文化教育融入高职通识教育课程体系路

径方法研究与探索，形成适于高职课程教学实际的富有特色的“融入”路径方法，为高职通识教育课程教学改革创新、为高职生中华优秀传统文化教育提供指导和借鉴，是推动中华优秀传统文化创造性转化、创新性发展的重要举措，是新时代赋予我们的职责和任务，务必要做实做好。

第七章

模式解构：中华优秀传统文化教育融入高职通识教育课程体系模式探索

中华优秀传统文化是建设新时代中华民族现代文明的基础。适应中华民族现代文明建设要求，通过研究探索、总结凝炼，形成中华优秀传统文化教育融入高职通识教育课程体系的有效模式，为中华优秀传统文化教育提供坚实支撑，是高职院校推进中华民族现代文明建设的有效举措。

从为党育人为国育才的视域，从坚定文化自觉自信的战略高度，对标党和国家关于中华优秀传统文化教育、职业教育的政策精神，遵循职业教育教学规律、思政教育规律、学生成长发展规律，对中华优秀传统文化教育融入高职通识教育课程体系模式进行系统研究和实践，通过梳理、总结，凝炼，形成科学、可行、有效的“融入”模式，并通过该模式的运行，有效培育学生的文化素养，为职业院校将中华优秀传统文化教育融入高职课程体系，高质量推进中华优秀传统文化教育提供启迪和借鉴，是社会主义文化强国建设赋予高等职业教育的重要使命，是中华民族现代文明建设对高职院校的必然要求，其具有重要的现实意义，值得我们下真功夫、花大力气而为之。我们在实践探索的基础上，通过研究、分析，归纳、提升，形成了富有职业院校特色的“融入”模式，即“建强两个主体，做好一项设计，八维建构课群，四维融入元素，数字九段赋能”模式，该模式也可简称为“21849”模式。下面对该模式进行解构性研究分析，以便全面、系统把握该“融入”模式。

一、建强两个主体是关键

在中华优秀传统文化教育融入高职通识教育课程体系过程中，教师、学生均是课程教学的主体，教师主体在课程教学活动中居于主导地位，建强两个主体是构建、运行“融入”模式的关键所在。教师的主导作用发挥到位，能有效激发、引导学生主体充分调动起其学习的积极性、主动性和创造性。建强教师主体，全面提升教师的政治、业务素养，使其深刻认识到职业教育、中华优秀传统文化教育对于强国建设、民族复兴伟业的重大意义，深刻认识基于课程教学的中华优秀传统文化教育对于助力中国式现代化建设的重大价值，深刻认识到不断坚定文化自觉自信，是建设中华民族现代文明的题中应有之义，将有助于增强教师的“融入”自觉。

教师是立教之本、兴教之源，肩负着教育、引领学生健康成长，办好党和人民满意教育的重任。建强高职院校教师主体，要准确把握新时代对高职院校教师的素质要求。2014 年 9 月，习近平总书记在和北师大师生代表座谈时提出，要做“四有”好老师，要有理想信念、道德情操、扎实学识、仁爱之心；2023 年 5 月，习近平总书记在主持中共中央政治局第五次集体学习时指出，要把加强教师队伍建设作为建设教育强国最重要的基础工作来抓。习近平总书记强调要加强师德师风建设，引导广大教师坚定理想信念、陶冶道德情操、涵养扎实学识、勤修仁爱之心。这一概括、凝炼、精辟的论述，进一步丰富了“四有”好老师重要论述的思想内涵，界定了新时代好教师的素质要求，为新时代教师队伍建设提供了基本遵循、指明了建设路径。

强化理想信念教育，建设一支理想信念坚定的高职通识教育教师队伍。人才是第一资源，高质量保障、推进基层人才队伍建设是基层党支部的重要职责之一。通过基层党支部党建融入教师队伍建设，加强党建引领，教育、引导教师不断提升自己的政治素养，胸怀“国之大者”，不忘教师的初心使命，不忘职业教育的初心使命，坚定理想信念，坚决贯彻党的教育方针，坚持立德树人根本任务，在为党育人为国育才的新征程上担当作为、勇毅前行。师德是教师素质的灵魂。育人先育己、立德先立人。新时代高职院校教师要加强师德修养，陶冶道德情操，要使自己成为学生看得见、体会感悟得到的道德榜样，以高尚的道德情操影响、感染学生。教书者，必先学为人师；育人者，需先行为世范。教师要以真理与人格的力量教育人，就要涵养扎实学识，要有丰富的理论知识、能力储备，以精湛的专业技能，以高水平的课程教学，以其言其行，教育、引领学生，促进学生的成长发展。在高职通识教育教师的知识、能力结构中，中华优秀传统文化知识、推动中华优秀传统文化创造性发展与创新性转化的能力，应当是其重要的组成部分。高职教师要主动适应新要求，不断丰富、充实自己在中华优秀传统文化方面的知识、能力储备，不断优化知识、能力结构，提升讲好中华优秀传统文化故事的水平。爱是教育的底色、基础，没有爱就没有教育。教育的过程是知识、能力等信息交互的过程，也是情感、态度、价值观等信息交互的过程，爱是这个复杂的信息综合交互系统的基础。教师的爱是滋润学生心灵、培育学生品德的最有效的营养源，学生感受、体验、接纳了来自教师端的关心关爱，会以不同的形式回馈教师、回馈教育教学，这样学生才会亲其师、信其道，教书育人的实效自然就增强了。因此，教师需勤修仁爱之心，高职通识教育课教师亦是如此。

提升课程教学水平、提升中华优秀传统文化教育融入高职通识教育课程体系的水平，还需要在教师的教育、指导下，进一步建强学生主体。教学是师生共同活动的过程，学生主体对于提升教学水平、增进教育实效发挥着重要作用。建强学生主体，是提升“融入”水平和实效的基本举措。建强学生主体的路径有很多，例如，提升学生主体对基于课程教学进行中华优秀传统文化教育的重要价值的认识，增强学生学习、实践的思想行动自觉；创设环境，引发学生兴趣，增强学生学习的主动性、创造性；等等。教育、指导学生不断增强其文化素养，提升其学习、掌握、内化中华优秀传统文化中所蕴含的核心思想理念、传统道德规范、中华人文精神的能力等。

二、做好一项设计是可持续“融入”的保障

所谓做好一项设计，即在学校层面上做好中华优秀传统文化教育融入高职通识教育课程体系的顶层设计。做好这样一个顶层设计，就是在学校层面上，对“融入”的价值意义、指导思想、目

标任务、各相关主体责任、主要措施、保障条件等进行整体规划设计，明确“融入”总体目标、相关部门或人员责任、“融入”的主要路径等，对支撑性教学资源建设、“融入”效果的考核评价等作出规定，提出实施保障条件等。

以习近平新时代中国特色社会主义思想为指导，对标党和国家关于推进职业教育改革创新、传承弘扬中华优秀传统文化方面的政策精神，对标新时代对高等职业教育发展的新要求，遵循教育教学规律、学生思政教育规律，研究分析、规划设计，制定出中华优秀传统文化教育融入学校通识教育课程体系的整体方案，为“融入”工作提供依据，有效指导、规范教师把中华优秀传统文化元素，系统性融入具体课程教学内容中，增强“融入”的科学性、规范性，避免形式主义，避免“融入”的盲目性和碎片化现象，以高质量“融入”推进基于课程教学的中华优秀传统文化教育高质量开展。因此，做好一项设计是中华优秀传统文化教育规范、可持续融入高职通识教育课程体系的保障，也是“融入”模式可持续运行的基本保障。

学校在进行“融入”顶层设计时，要在深入学习研究习近平总书记关于中华优秀传统文化教育、职业教育的重要讲话、重要指示精神，深入研究把握党和国家关于推进职业教育教学改革创新、深化课程思政教育的政策要求，深入学习关于课程建设方面的最新理论研究成果，准确把握中华优秀传统文化教育融入高职通识教育课程体系现状的基础上，结合高职院校实际，经过深入研究、科学论证，制定出科学、可行的顶层设计方案来。中华优秀传统文化，其内涵博大精深，要对与高职通识教育课程教学有着内在关联的中华优秀传统文化的内涵进行系统梳理、分类整合、加工再造，通过赋予中华优秀传统文化元素以新内涵，通过形式创新，把中华优秀传统文化中的相关内容，体系化、针对性转化为高职通识教育课程教学内容的有机组成部分。

三、八维建构基于“融入”的通识教育课程群

贯彻党的教育方针，坚持立德树人根本任务，遵循课程建设规律，坚持“五育并举”原则，对标党和国家对中华优秀传统文化教育的政策精神，落实推进“三融”“三教”改革，即推进职普融通、产教融合、科教融汇，推进教师、教材、教法改革，从八个维度建构适应新时代要求、适应学生成长发展诉求的高职通识教育课程群，即思政教育、人文教育、创新教育、心理健康教育、体育、美育、劳动教育、职业素养教育八大课程群，把有着内在逻辑关联的这八大课程群，建构成为能有效支撑学生通用素质、能力培养的高职通识教育课程集群。该课程集群中的每个课程群均有相应的素质教育目标，课程群内均包含有丰富的课程，这些课程以必修、选修，线下、线上方式设置，能够有效满足学生发展的多元需要，能够有效支撑课程群育人目标的实现。

在建构通识教育课程集群的过程中，要坚持思政课程与课程思政有效协同原则。要全面规范落实上级和学校党委关于思政课程和课程思政建设的政策精神，结合学校的办学特色、专业特点、学生

实际，有效推进课程思政建设，使通识教育课程集群内的每一门具体课程均能充分、规范挖掘、利用该门课程所蕴含的思政元素，高质量进行课程思政教育，真正使思政课程与课程思政建设同向同行，形成协同效应。中华优秀传统文化教育是课程思政教育内涵的重要组成部分，要不断丰富课程思政内容体系中的中华优秀传统教育内容，在推进课程思政教育的具体实践中，创新中华优秀传统文化教育融入课程教学的模式，以高质量“融入”推进课程思政教育高质量开展，真正让中华优秀传统文化通过通识教育课程教学融入课堂、走进师生心中。

我们所建构的八大通识教育课程群，其功能是为培养具有红色基因、家国情怀、健康身心素质、良好人文素养、突出创新能力，具有一定的审美素养，劳动素质高、职业素养突出的德智体美劳全面发展的高素质技术技能人才、能工巧匠、大国工匠提供高质量的充分的课程支撑。对八大通识教育课程群中的每一个课程群，均对其中华优秀传统文化教育的目标、内涵等进行了界定。例如人文素质教育课程群，其“融入”的目标主要是以习近平新时代中国特色社会主义思想为指导，以社会主义核心价值观为引领，结合学生所学专业，把中华优秀传统文化中相关的汉语言文字，把其所蕴含的相关核心价值理念、中华传统美德、中华人文精神等元素融入该课程群中，从生活、学习、职场角度，对学生进行家国情怀、道德情操、人文精神教育，通过课程教学让学生学到、悟到人而为人、人之于他人、人之于社会、人之于自然的价值和意义，并努力内化、践行。

为了便于“融入”，可以根据八大课程集群各自课程群目标、特点，设计出支持每个课程群的经典中华优秀传统文化素材，供相应课程的授课教师参考或选择使用。例如思政教育课程群:《易经》、《道德经》、《大学》、《论语》、《左传》、《孙子兵法》、《淮南子》、《礼记》、法家代表思想、《盐铁论》、《史记》、《资治通鉴》，故宫博物院、秦始皇兵马俑等；人文素养教育课程群:《说文解字》、《淮南子》、《文心雕龙》、法家代表思想、唐诗、宋词、美学代表作、宋明理学、中国古建筑、中医中药、武术舞蹈、戏曲服饰、节气习俗，红山文化、仰韶文化、三星堆文化、良渚文化等；创新教育课程群：四大发明、中国古代农业，《周易》、《大学》、《论语》、《孟子》、《孙子兵法》、《鬼谷子》、《尉缭子》、《礼记》、《淮南子》、《盐铁论》、《说文解字》、《史记》、《资治通鉴》、中医中药，李冰父子、鲁班、张衡、华佗、张仲景、孙思邈等；心理健康教育课程群:《荀子》、《尚书》、《黄帝内经》、董仲舒《春秋繁露》、王充《均衡》、宋明理学、清初学者刘智《天方性理》等；美育类课程群:《诗经》、《论语》、《道德经》、《左传》、《孟子》、《庄子》、礼、乐、西晋陆机《文赋》、《文心雕龙》、唐宋雅俗共赏美学思想、唐宋文学艺术、程朱理学、明清园林与建筑美等；体育类课程群:《左传》、《六艺》、《史记》、《淮南子》、《七略》、武术、棋术、摔跤、舞狮、空竹、射箭、蹴鞠、龙舟、马球、捶丸；劳动教育类课程群:《诗经》、《礼记》、《西京杂记》、南北朝时期的颜之推《颜氏家训·治家》、《三字经》、《弟子规》、《千字文》等；职业素养教育类课程群:《论语》、《孟子》、《礼记》、《弟子规》、鲁班、蔡伦、毕昇、沈括、《考工记》、《史记》、《茶经》、《齐民要术》、《营造法式》、《天工开物》、《本草纲目》等。如此按八大课程群枚举中华优秀传统文化素材，对教师有选择使用中华优秀传统文化素材有一定的参考、借鉴价值。

四、中华优秀传统文化元素“四维”融入课程体系

本书所讲的“四维”融入元素，是指从中华优秀传统文化中的汉语言文字以及其中所蕴含的核心思想观念、传统美德、人文精神等四个维度，挖掘课程内容和教学方式中的中华优秀传统文化元素，并以恰当的方式把所挖掘出的中华优秀传统文化元素有机融入课程教学的各方面各环节全过程。

习近平总书记在文化传承座谈会上强调，中华优秀传统文化有很多重要元素，共同塑造出中华文明的突出特性。习近平总书记列举了中华优秀传统文化中的诸多重要元素：天下为公、天下大同的社会理想，民为邦本、为政以德的治理思想，九州共贯、多元一体的大一统传统，修齐治平、兴亡有责的家国情怀，厚德载物、明德弘道的精神追求，富民厚生、义利兼顾的经济伦理，天人合一、万物并育的生态理念，实事求是、知行合一的哲学思想，执两用中、守中致和的思维方法，讲信修睦、亲仁善邻的交往之道。这些元素共同塑造出中华文明突出的连续性、创新性、统一性、包容性、和平性。

中华优秀传统文化中蕴含着丰富的具有重要价值的思想观念，

例如天人合一、道法自然、居安思危、自强不息、仁者爱人、民为邦本、为政以德、万物并育、和而不同、日新月异、天下大同的思想观念等。这些蕴含在中华优秀传统文化中的深邃的思想观念具有重要的时代价值，对于我们学习生活、为人处世、修身持家、治国理政、处理与自然的关系、处理国际关系等均有着重要意义。中华优秀传统文化能够赋予中国式现代化以深厚底蕴，为中国式现代化建设提供强大精神动力。我们要认真研究中华优秀传统文化中所蕴含的核心思想观念的时代价值，研究探索其核心思想观念的时代价值通过高职通识教育课程教学实现的新方式。

中华优秀传统文化中所蕴含的中华传统道德有不同的层面。从《大学》所讲的“修齐治平”中，我们可以看出，传统道德是有个人、家庭、职业、社会、国家和天下之分的，这些传统道德可以区分为个人品德、家庭美德、职业道德、社会公德、天地大德。如“孝、悌、忠、恕、勤”是个人层面上的道德；尊老爱幼、兄友弟恭、夫妻和睦、勤俭持家等则是家庭层面的美德；而“仁、义、礼、智、信”则属于社会层面上的道德。中华优秀传统文化中所蕴含的中华传统道德使得中国特色社会主义道德建设、社会主义核心价值观培育有了丰厚底蕴。我们要加强对中华优秀传统文化中所蕴含的中华传统道德进行研究、阐释、弘扬，赋予其时代内涵，把中华传统道德元素有机融入高职通识教育课程体系中，推动中华优秀传统文化中中华传统道德创造性转化、创新性发展，为高素质技术技能人才培养、为新时代道德建设、为中华民族现代文明建设提供恒久的营养和动力。

中华人文精神是中华优秀传统文化的重要内容，其蕴于中华优秀传统文化中，体现在中华传统文化的语言文字、思想观念、道德规范、哲学思想、审美追求之中。中华优秀传统文化中以人为本的民本思想，自强不息的进取精神，求同存异、和而不同的为人处世方法，形神兼备、情景交融的审美价值追求，俭约自守、中和泰和的生活观念，厚德载物的包容思想，居安思危的忧患意识等，都是中国人民思想观念、风俗习惯、生活方式、情感样式、审美取向的集中表达，都是中华传统人文精神的宝贵财富，都是中华人文精神的充分体现。通过深入研究、认真归纳，结合实际，分门别类地把中华优秀传统文化中蕴含的人文精神融入课程教学中，并不断内化为师生的精神追求，是“融入”的重要目标之一，也是我们义不容辞的责任。

在我们的课程建设实践中，创新素质教育课程群中有一门课程《创新创业教育与实务》。我们对标党和国家的政策要求，结合专业特征及具体课程教学实际，经过研究分析、梳理凝炼，形成了课程思整教育的“七维八进五融合”模式，中华优秀传统文化教育是课程思政教育内涵的重要组成部分，因此中华优秀传统文化元素融入课程教学时，也是适应这一模式的。“21849”模式是从中华优秀传统文化教育融入的角度进行设计的，与其有交融之处，也各有所强调的重点。下面以表格方式，对“七维八进五融合”模式《创新创业教育与实务》课程思想教育进行呈现。

“七维八进五融合”课程思政教育模式下《创新创业教育与实务》思政教育融入教学情况（参考）

一、基础信息

<table>
<tr><td>部门</td><td>通用能力教学部</td><td>课程名称</td><td>创新创业教育与实务</td><td>专业</td><td>信息安全与管理</td><td>专业代码</td><td>610211</td><td>授课班级</td><td>2033053/2033054</td></tr>
<tr><td>课程思政教育模式</td><td>“七维八进五融合”</td><td>资源库称谓</td><td>通用平台课程思政教育资源库</td><td>负责人</td><td>刘辉</td><td>教学团队成员</td><td colspan="3">教师 1　教师 2
教师 3　教师 4
教师 5</td></tr>
<tr><td>课程思政教育理念</td><td colspan="9">以体系化的设计，以充分精准的资源供给，优化课程思政教育体验，涵养红色情怀，激发创新报国动力，引领学生健康成长、全面发展，建设有灵魂的创新创业教育课程</td></tr>
<tr><td>总目标</td><td colspan="9">对标上级要求，遵循教育教学规律、思政教育规律、学生认知规律，结合授课班级学生所学专业以及该课程特点，依托“七维八进五融合”课程思政教育模式，充分挖掘教学内容、教学方式、考核评价等方面、环节中的思政教育元素，有效落实习近平新时代中国特色社会主义思想“三进”工程，把中华优秀传统文化、把民族精神和时代精神恰当融入该课程教学过程中，隐性与显性教育相融合，教育引领学生自觉培育、践行社会主义核心价值观，坚定理想信念，自觉传承红色基因，不断强化劳动精神、劳模精神、工匠精神，增强法纪、忧患意识，坚持依法创新创业，为实现高水平科技自立自强而努力学习实践</td></tr>
<tr><td>模式诠释</td><td colspan="9">在充分实践的基础上，经过总结凝炼，形成了“七维八进五融合”课程思政教育模式，即从主体建设、规范建构、教学设计、资源体现、融入课堂、实践教学、评价改进等七个维度，从课程思政进计划、进标准、进教材、进教案、进资源、进课堂、进头脑、进考评等八个环节，思政教育与具体课程相融合、课程思政与专业特点相融合、教学内容与方式中蕴含的思政教育相融合、学与做中的思政教育相融合、价值塑造与知识传授、能力培养相融合。基于这一模式，明确了课程思政教育的总、分目标，丰富、优化了课程思育的资源供给，拓展了课程思政教育的方法路径，使得课程思政教育有机融入教学过程中，随着各教学环节任务的完成，课程思政教育目标也得以充分实现</td></tr>
<tr><td>思政教育点（个）</td><td colspan="3">结合授课班级专业特点及本课程实际开发出课程思政教育点 45 个，其分别分布于教学内容、方式、考评及拓展学习等相关方面、环节中</td><td colspan="2">思政教育资源类型</td><td colspan="4">文档案例 16 个、小微视频 18 个、典型图片 76 张等；根据届时情况，随机性使用课程思政教育资源若干；理论创新、体制机制创新、科技创新、模式创新、日常生活中的创新、成功创业中的典型案例，基于校史素材的红色创新创业素材（人物、故事、重大会议、重大事件、重要器物等；文档、视频、活动等）</td></tr>
</table>

二、思政教育融入课程教学情况

模块	任务	融入节点		思政教育资源名称	思政教育资源内容	呈现方式	课程思政教育具体目标	课程思政教育指引
模块一 打破藩篱 思维破冰	任务1 制作创意点子集(创新入门，脑洞大开)	教学内容	3. 学习新知 （2）课堂活动：未来教室。	未来教室（T-CX-001）	团队合作、勇于创新、大胆探索未知	观看、研讨微视频	培育学生的团队精神、创新意识、责任感，助力创新思维习惯养成；充分认识到创新的价值，努力提升自己的创新素质和能力	1. 不仅要注意开发教学内容中的思政教育元素，还要用心挖掘教学方式中的思政教育元素 2. 要注意挖掘大学生创新意识、团队合作、责任意识方面的思政教育资源 3. 结合学生所学专业，整合、选取信息技术创新发展方面的素材 4. 使用素材之后，要根据需要进行总结、升华
		教学方式	1. 研讨交流 2. 合作学习	合作完成任务训练	在师生、生生协作中完成小组任务、展示合作成果	协同完成任务、展示集体成果		
		考核评价	5. 课业 制作创意点子集（含至少1个原创点子、至少1个抗疫中创新点子）	创意点子集制作（T-CX-002）	持续坚持创新思维，逐步养成创新思维习惯	形成电子版、纸质版点子集		
		课后拓展	探究神奇都江堰	神奇都江堰（T-CX-003）	为都江堰的伟大创新骄傲，激发创新热情	阅读文本材料、观看视频并思考		

（续表）

模块	任务	融入节点		思政教育资源名称	思政教育资源内容	呈现方式	课程思政教育具体目标	课程思政教育指引
模块一 打破藩篱 思维破冰	任务2 创新思维训练营（激发灵感，发挥想象）	教学内容	2. 创新思维训练（重点） （1）质疑思维 b. 观看视频，提出问题并阐述观点	视频《信息扑面而来，你要学会质疑思维》（T-CX-004）	在信息超高速产生的时代，高职生要创造性思考，善于运用质疑等创新思维方式进行思考、判断、决策，为自己的生涯发展努力，为新时代作出更大贡献	观看微视频并组织研讨	关注疫情，了解新闻热点，用创新思维理性思考；通过对美国在疫情防控中的非正常表现进行合理质疑，既训练了质疑思维能力，又让学生看到了美国的阴谋和狡诈	1. 在组织学生观看视频之后，要引导学生结合体验，作出正确思考、判断、决策 2. 要注意运用疫情防控中的案例，把伟大抗疫精神融入教学中，潜移默化影响、感染学生
		教学方式	线上线下混合式教学；学训一体	学训一体教学	优化体验，增强团队意识，提升信息化能力，更好为团队服务	学中做、做中学，学训一体		
		课后拓展	阅读“中新网评：对美国三大合理质疑”	文本材料和视频：对美国三大合理质疑（T-CX-005）	中新网权威评论：对美国在疫情暴发之前及疫情防控中的非正常表现，进行三大合理质疑	阅读文本，观看视频，体会思考		

（续表）

模块	任务	融入节点		思政教育资源名称	思政教育资源内容	呈现方式	课程思政教育具体目标	课程思政教育指引
模块一 打破藩篱 思维破冰	任务3 闯关游戏大挑战（破除枷锁，启迪心智）	教学内容	2. 创新能力（3）作用	案例：中国古代四大发明与新四大发明（T-CX-006-01） 案例：京东方的“晶芯”故事（T-CX-006-02）（备）	创新体现在各方面，中国古代四大发明与新四大发明的巨大作用；马克思、培根、李约瑟对中国古代四大发明之评价；为之骄傲自豪	编辑后的文本，微视频观看，体验感悟	通过了解、体验我们在理论、制度、科技等方面取得的创新成就，激发创新兴趣和热情，增强提升创新素质的思想、政治和行动自觉	1. 案例要简约，要能生动诠释党的理论创新的作用 2. 对关于北斗系统、深海探索、航空航天、新冠疫苗的视频资源进行编辑，视频时长不超过5分钟 3. 在组织观看视频后，教师要以灵活方式引领、提升，以顺利达成思政素质教育目标
		课后拓展	观看教师所发布的《创新是发展第一动力》视频	案例：创新是发展第一动力（T-CX-007-01） 北方华创“自主创芯产业报国”案例（T-CX-007-02）（备）	我们在科技领域所取得的创新成就，如北斗系统、深海探索、航空航天、新冠疫苗等，对国家强盛、民族进步、人民健康产生了巨大影响；创新是发展第一动力	综合，微视频		

（续表）

模块	任务	融入节点		思政教育资源名称	思政教育资源内容	呈现方式	课程思政教育具体目标	课程思政教育指引
模块二 自主创新 方法先行	任务4 兔子吃草问题分析（头脑风暴法训练）	教学内容	2. 头脑风暴法（重点）（1）内容、原则、步骤。	头脑风暴法案例（T-CX-008）	创设具体应用场景，让学生体验、感悟头脑风暴法的内容、原则及步骤，提高能力，培育合作、平等、创新意识	电子文档	通过案例展示，创设头脑风暴法实施的具体情境，让学生体验、感悟该创新方法的内容、原则及步骤，认识到充分汇聚团队成员智慧、经验的价值，增强团队精神，提升创新素质	选择国内有关使用头脑风暴法成功创新的典型案例，以坚定师生文化自信
		教学方式	合作学习	在合作中增强协作精神和集体意识	通过有效组织小组合作学习实践，在师生、生生沟通合作中，增强集体意识、协作精神	小组合作，学习实践		
		考核评价	以小组合作方式，通过头脑风暴法完成一项任务，把合作意识、成效作为考核点之一	头脑风暴全过程、各环节	在运用头脑风暴法完成创新任务过程中，培育、考查学生的合作意识和成效	合作完成考核任务		
		课后拓展	学习、探究其他创新方法	强化创新精神、协作意识	通过课后拓展，强化、巩固、提升初步形成的创新精神、协作意识	课后拓展，学习交流		

（续表）

模块	任务	融入节点		思政教育资源名称	思政教育资源内容	呈现方式	课程思政教育具体目标	课程思政教育指引
模块二 自主创新 方法先行	任务5 签字笔创意设计（奥斯本检核表法训练）	教学内容	2. 奥斯本检核表法（重点） （1）内容、原则、步骤 （2）案例：保温杯创新设计、曹冲称象、锯子的发明	案例：锯子的背后（T-CX-009-01） 案例：曹冲称象；打破思维牢笼（T-CX-009-02）	以曹冲称象、鲁班发明锯子等中国传统经典案例，诠释创新方法，使师生在学习创新方法的过程中，进一步增强文化自信	动漫演播，案例分析，研讨交流	通过教师主导下的任务驱动、合作学习，让学生体验学习实践的快乐、效果，在案例分析、研讨交流中，用中华优秀传统文化影响、感染学生	1. 所选区的中国传统或现代创新案例，要能有效诠释所学习的创新方法 2. 运用案例时，要进行适当挖掘、拓展，以更好发挥课程育人功能
		教学方式	任务驱动 合作学习	在合作中进步（过程体验）	在教师指导下，运用所学方法，合作完成创意签字笔的设计任务，体验合作的重要性，增强集体荣誉感	教师指导，创新思路，合作完成任务		
		课后拓展	搜集整合、了解思考中国近年来的创新成果：量子通信网络、5G技术、高铁网络、超级计算机等	创新体验：中国新高度（T-CX-010）	结合所学内容，延伸了解思考党的十八大以来，我国重大创新成果，激发创新动力，增强民族自豪感	搜阅材料，思考体验		

（续表）

模块	任务	融入节点		思政教育资源名称	思政教育资源内容	呈现方式	课程思政教育具体目标	课程思政教育指引
模块二 自主创新 方法先行	任务 6 寻找矛盾（TRIZ 矛盾解决方法训练）	教学内容	2. 工程矛盾 （2）寻找生活中的技术矛盾和物理矛盾	专业、生活中的矛盾（T-CX-011）	结合专业学习实践、结合生活找矛盾，正确认识矛盾，掌握解决矛盾的方法	梳理分析，找出矛盾	运用所学，结合专业、生活实际，寻找矛盾，正确认识矛盾，掌握解决矛盾的方法，在认识、解决矛盾中提升素养	1. 教育学生善于发现矛盾 2. 引导学生正确认识矛盾 3. 学习掌握解决不同矛盾的方法技能，不断提升综合职业素养
		教学方式	任务驱动	开动脑筋，合力找矛盾	正确认识矛盾，掌握解决不同类型矛盾的具体方法，创新性学习工作	小组合作，分析梳理		
		考核评价	运用所学，解决具体矛盾	试一试：运用分离原理，解决路口通行矛盾，提高通行效率	通过完成课业方式，巩固所学知识技能，切实践行习近平总书记关于创新发展的重要讲话精神	运用所学，解决问题		

（续表）

模块	任务	融入节点		思政教育资源名称	思政教育资源内容	呈现方式	课程思政教育具体目标	课程思政教育指引
模块二 自主创新 方法先行	任务7 我爱发明（创新成果和创新成果保护）	教学内容	2. 任务发布 为自己所在的二级学院、社团或者宿舍设计一个徽章。徽章要突出特色，有较强的创新性，要以匠心对待设计	引导语：以匠心待设计，以创新铸品质（T-CX-012）	在发布任务时，教师通过引导语，教育学生设计作品要有创新意识、质量意识，要有匠心	引导语	教育引导学生设计作品时，要有创新意识、质量意识，要以匠心对待作品，以匠心追求卓越；增强依法保护创新成果、依法维护合法权益的意识，逐步养成遵守法纪的良好习惯	1. 在相应的环节，以润物无声方式，教育引导学生树立创新意识、质量意识 2. 以自然交流形式，向学生传递信息：要以匠心对待作品，对待工作 3. 自然融入，避免刻意挖掘、延伸
		教学方式	任务驱动	共同设计、共担责任、共享成果	在同心协力完成任务过程中，体验合作、贡献快乐，分享成功欢乐，培育责任意识	在合作完成任务过程中体验、感悟、升华		
		课后拓展	查阅相关材料，深入了解关于知识产权的保护途径	查阅资料、了解途径、依法维护创新成果权益	了解关于知识产权保护的知识，了解保护路径，增强依法维权意识和能力	查阅、了解，思考、提高		
模块三 创业之路 智赢天下	……	……	……	……	……	……	……	……

（续表）

模块	任务	融入节点		思政教育资源名称	思政教育资源内容	呈现方式	课程思政教育具体目标	课程思政教育指引
模块三 创业之路 智赢天下	任务 10 组建我的团队（创业团队建设）	教学内容	1. 组建创业团队（重点） （1）过程 （2）讨论：腾讯五虎将体现了创业团队的哪些特征	微视频：腾讯五虎将（T-CX-013）	通过观看微视频，体会创业团队的构成要素，思考共同价值观以及团结协作对于团队的意义	观看视频，体验思考	通过学习体会创业团队的组建原则以及团结协作对于团队的意义，引领学生认识团结协作对于团队成功创业的重要价值，并努力践行团结协作精神	1. 注意从共同价值观、团结协作、创新进取对团队创业的重要性方面挖掘思政教育素材 2. 在教师指导下观看视频、组织交流 3. 在学生观看、交流的基础上，教师要适时进行总结升华
		教学方式	任务驱动，在教师主导下，发挥学生主体作用，协作完成新知学习、创建创业团队任务	任务驱动，合作完成学、做任务	在师生、生生团结协作，共同完成新知学习、小组任务中，培育责任意识，担当情怀，团队精神	师生、生生合作完成学、做任务		
		考核评价	尝试组建自己的创业团队	团队成员分工及对团队的期待	在尝试组建自己的创业团队过程中，体验、感悟团结协作、劳动创造的价值，努力使其内化为自己的价值追求	尝试组建自己的创业团队		
		课后拓展	课后拓展活动	在拓展活动中提升自己	在拓展活动中进一步思考、感悟团结协作、辛勤劳动、创新进取的重要意义	走进创新型企业，进行交流、体验		

（续表）

模块	任务	融入节点		思政教育资源名称	思政教育资源内容	呈现方式	课程思政教育具体目标	课程思政教育指引
模块三 创业之路 智赢天下	任务16 我的创业计划·之三（制作创业计划书）	……	……	……	……	……	……	……

五、数字赋能课程教学九阶段

以数字赋能课程教学各方面各环节，通过数字赋能提升中华优秀传统文化教育融入高职通识教育课程体系的水平和成效，是新时代课程教学改革创新的内生逻辑。数字九段赋能，即以数字赋能课程教学所涉九个重要阶段。中华优秀传统文化元素融入高职通识教育课程不是仅在某一个或几个教学环节上融入，而是融入课程教学各方面各环节全过程。数字赋能“融入”，也不是仅赋能某一个或几个“融入”方面或环节，而是对“融入”的各相关方面或环节全面赋能。中华优秀传统文化融入高职通识教育课程体系是由各个相互关联的环节或要素共同构成的一个系统。在这一系统中，“融入”顶层设计、教学主体、教学设计、课堂理论教学、实践教学、融入内容、路径手段、辅助资源、考核评价等九个环节，是数字赋能“融入”的主要环节，对“融入”的整体水平和成效有着重要影响，在理论研究和“融入”实践中要予以更多关切。

学校范畴内的“融入”顶层设计，是中华优秀传统文化教育融入高职通识教育课程体系的基本依据。通过大数据挖掘、分析“融入”顶层设计要素、相关文献、实践成果，予以学习、借鉴，以数字技术助力顶层设计，制定出科学性、可操作性强的顶层设计方案，将有效助力“融入”实效提升；课程教学主体是实施课程教学，提升课程教学水平的关键，也是提升“融入”水平的关键。在数字技术飞速发展的当下，高职院校课程教学、中华优秀传统文化教育对师生的数字素养提出了新要求。不断提升教学主体的数字化素养，进一步增强师生应用数字技术于课程教学的能力，提高数字赋能“融入”水平，将有效助力中华优秀传统文化融入高职通识教育课程体系水平与成效的提升。教学主体的数字素养包括数字化意识、数字技术知识与技能、数字化应用、数字社会责任以及以数字知识、技能推动专业发展等方面。师生数字素养的提升的路径方法有多种，比如参加学习、培训、交流研讨、参访体验、参与项目等，但是最重要的还是要通过提升师生的自我提升能力，通过自我提升方式促进师生数字素养提升。

数字赋能教学设计，能够更好辅助教师把课程教学的各相关要素，包括中华优秀传统文化元素等，充分、合理整合起来，合理布局、配置要素，使教学目标更加清晰、内容设计更加科学、互动安排更为合理、资源配置能更好满足教学要求；在理论教学中，充分利用数字技术，能够更加合理、生动、便捷地聚合、呈现中华优秀传统文化元素。利用数字技术手段于课程实践教学，能够顺利实现在传统实践教学中不易实现的实践操作等，有助于进一步增强教学的吸引力、实效性。例如，在适当的“融入”点，可以使用虚拟、人工智能技术，穿越时空、再现历史，生动呈现中华优秀传统文化元素，辅助学生学习教学内容，辅助实习实训，深化对课程理论教学内容的认识，优化实习实训体验，增强“融入”实效。

数字赋能“融入”内容、教学资源。使用数字技术，把需要融入高职通识教育课程中的中华优秀传统文化教育内容，快速搜集、选取、整合、加工，以更加适于高职生认知特点的方式，予以生动呈现，把教学支撑资源制作成适于线上线下使用的微视频、VR、AR等形式的作品等，能够极大地丰富“融入”内容、提高“融入”内容的质量、升级“融入”内容呈现方式，优化师生使用教学支撑资源的心理体验。数字赋能“融入”路径、手段，将与课程教学内容有紧密关联的中华优秀传统文化内容通过不同的路径，通过传统的呈现方式、PC端、手机端供给学生，可以进一步拓展“融入”路径，以更丰富、强大的“融入”手段推动“融入”走得更深更实。考核评价环节是数字赋能“融入”至关重要的环节。创新课程教学考核评价内容和方式，把中华优秀传统文化教育融入课程教学情况合理纳入课程教学考核评价，抓住关键考核评价点，以数字化考核评价系统，对“融入”成效进行客观、公平、公正且便捷的考核评价，并根据所采集考评数据，由考评系统对“融入”情况进行深度诊断，给出客观、合理的改进建议等，以数字化考评促进课程教学改革创新，引领、规范“融入”工作开展，为中华优秀传统文化教育高质量融入高职通识教育课程体系提供有效助力。

习近平总书记在北京大学师生座谈会上强调，“我们生而为中国人，最根本的是我们有中国人的独特精神世界，有百姓日用而不觉的价值观。”研究探索、优化创新中华优秀传统文化教育融入高职通识教育课程体系的有效模式，推进高职课程教学改革创新，推进高职生中华优秀传统文化教育改革创新，用优美的汉语言文字，用中华优秀传统文化中所蕴含的核心思想观念、中华传统美德、人文精神、审美追求等，培育学生道德情操、涵养学生家国情怀，有效提升其文化素养、坚定其文化自信，为党为国培养出更多具有高度文化自觉自信的高素质技术技能人才、能工巧匠、大国工匠，是新时代赋予我们的光荣职责和使命，我们要守正创新、勇毅前行，努力全面履行职责、不辱光荣使命，在教书育人新征程上作出新贡献。

主要参考文献

[1]陈广忠．淮南子译注 [M]．上海：上海古籍出版社，2022.

[2]陈晴君．刍议中华优秀传统文化融入高职学生思政教育路径 [J]．教育教学论坛，2020（8）.

[3]陈治芳．高职院校“课程思政”与“思政课程”耦合进阶理路分析 [J]. 教育科学论坛，2021（18）.

[4]黄小希．守正道创新局——党的十九大以来宣传思想文化工作述评 [N]. 人民日报，2019-01-06（1）.

[5]贾红杰，等．爱国主义教育视阈下高职院校课程思政实施策略探究 [J]. 广西教育，2019（27）.

[6]缪凤林．中国通史要略 [M]．南昌：江西教育出版社，2019.

[7]史巍．论以“课程思政”实现协同育人的关键点位及有效落实 [J]. 学术论坛，2018（4）.

[8]王竹立．碎片与重构：互联网思维重塑大教育 [M]. 北京：电子工业出版社，2015.

[9]吴岩．深入实施教育数字化战略行动以教育数字化支撑引领中国教育现代化 [J]．中国高等教育，2023（1）.

[10]余秋雨．老子通释 [M]．北京：北京联合出版公司，2021.
[11]张岂之．中华优秀传统文化经典要义 [M]．西安：太白文艺出版社，2021.
[12]朱自清．经典常谈 [M]．北京：人民文学出版社，2022.

后　记

《中华优秀传统文化教育融入高职通识教育课程体系研究》一书系北京市教育科学“十四五”规划2022年度一般课题“中华优秀传统文化教育融入高职通识教育课程体系研究”（立项编号：CIDB22218）的最终研究成果。课题组成员依托课题研究，从现实状况、理念、内涵、路径、方式方法、模式与评价等多个维度对课题进行了研究与实践，取得了丰富的成果。课题组刘辉、李隽同志依据研究计划在对该课题进行全面、系统研究的基础上，撰写、形成了该学术专著。该专著既是本课题研究成果的集中体现，也是课题组研究水平和成效的重要标识。在本书即将出版之际，课题组要特别感谢白小伟、李健、宋新芳、张蓓、侯志荣、刘全明等同志在问卷调查、数据统计、文献研究等方面为本专著的形成所作出的贡献。此外，课题组还要衷心感谢出版社的各位老师为本书出版所付出的劳动和智慧，大家的努力有效助推了该书的问世，也将为中华优秀传统文化的传承和弘扬作出贡献。期待该书能够为高职院校中华优秀传统文化教育提供助力。

2024年1月